勞榦 著

秦漢簡史

中華書局

图书在版编目(CIP)数据

秦汉简史/劳榦著. —北京:中华书局,2018.9
ISBN 978-7-101-13205-2

Ⅰ.秦… Ⅱ.劳… Ⅲ.中国历史-秦汉时代-通俗读物
Ⅳ.K232.09

中国版本图书馆 CIP 数据核字(2018)第 082650 号

书　　名	秦汉简史
著　　者	劳　榦
责任编辑	徐卫东
出版发行	中华书局
	（北京市丰台区太平桥西里 38 号　100073）
	http://www.zhbc.com.cn
	E-mail:zhbc@zhbc.com.cn
印　　刷	北京瑞古冠中印刷厂
版　　次	2018 年 9 月北京第 1 版
	2018 年 9 月北京第 1 次印刷
规　　格	开本/880×1230 毫米　1/32
	印张 10¾　插页 2　字数 200 千字
印　　数	1-8000 册
国际书号	ISBN 978-7-101-13205-2
定　　价	58.00 元

目　录

第一章 秦的兴亡

　　秦代这一个朝代，是中国大帝国建国的开始。在秦以前，例如已经确知大体状况的商和周，以及不甚确知的夏，只是以一个氏族为中心演成的王国，作成其他若干氏族共戴的天子。其间虽有许多演进，但总未达到郡县国家的程度，郡县的完成，要从秦算起。

　　中国的疆域，东北至黑龙江和乌苏里江北尽恰克图城和萨彦岭，西包塔尔巴哈台山、阿拉套山、帕米尔高原和喜马拉雅山，西南至中南半岛北部，东南至海中，包括海南岛和台湾，有一个天然国界。其中任何一部分倘若落到国家主权之外，不惟影响到边界安全，而且要危及民族生存。这个疆域的大致范围开始推进于秦，经汉、唐、元、明、清几朝的努力，才达到上述界限。凡是一个中华民族的公民，应当努力保持，子子孙孙，永守勿失。

就文化的关系说，中国文化的中心区域是在以泰山为圆心，在他的西、南、北三面围成半径约四百公里的平原。在这一个区域的四周，形成了各种不同的文化，而和这个区域连系着。尤其他的西面，因为有黄河峡谷，开辟了东西交通的大道，所以对西的关系最繁。伊洛间平原便绾着交通的枢纽。

周人便是汧渭一带游牧部族中的一种，子孙相继，成为崤函以西的霸主，凭着新兴的朝气，一举灭商。当时有一个东方嬴姓的部族，曾为商人封在西方渭水上游的，归周以后，他们的族长非子因为替周孝王养马的功劳，在周孝王十三年（公元前八九七年）封为秦国附庸（今甘肃天水附近）。这时周人虽然建都在泾渭平原，文化进展得相当高，但平原的附近，还有其他的游牧部族。周幽王和这些部族斗争失败，平王东迁。因为幽王时秦襄公曾用力救周，并且领兵送平王到洛阳，平王便封岐山以西的地方给秦，作为诸侯（公元前七七〇年）。后来秦人便翦灭泾渭平原的游牧部族，沦陷的周人也归了秦，秦人便承继了西周的一部分文化，到穆公时代便成了西方的霸主。穆公死时（前六二一年），秦人已大致统一了泾渭平原，立下强国的基础。（这时秦的国都在雍，陕西凤翔。）

穆公以后二百多年，正是晋国称霸的时代，秦人不能相争。自后晋国的领土渐渐的分成几部分。周威烈王二十三年（前四〇三年），周王承认魏、赵、韩三国为诸侯，晋国始瓦解。四十年以后，秦孝公即位（前三六二年）；次年，魏国的家臣卫鞅入秦。孝公认识卫鞅的才局，和他带去的东方法家学说，便信任他来变法。卫鞅照着他修改过的晋国成法，来适应秦国，结果大为成功。第一，他将全国人民组织起来，五家一伍，十家一什，互相监察。第二，全国的人不工作的没为奴隶。将全国的户口，一律按男子数目分开，以军功多少为尊卑高下。如此，从前封建式大夫、士、庶人的组织便瓦解而成为新的国家组织了。孝公封鞅于商，号为商君。

他的第一步改革成功，又进而作第二步改革。他将秦的国都迁到咸阳（陕西咸阳的东方）。统一了全国的度、量、衡。把全国的城邑并为三十一县，每县设令（县长）、丞（秘书）、尉（主兵的官）。将旧日封区疆界一概削平，明白承认土地私有，让国家直接对人民计田征税。秦国经此次改革，国家便严格的组织起来，以全国动员的力量对付东方，秦人便无敌于天下。但商君的权力在秦也太大了，孝公死，子惠王立，秦国旧日的贵族，利用惠王和商君威权上的冲突，使惠王将商君杀死。虽然，商君之法惠王并未改变，到始皇更推行到全中国，成了汉朝组织的基础。

春秋时代完了，许多诸侯合成了七个霸主。外部的现象，是小国合成大国；内部的现象，却是自由人的兴起。周人灭殷，将殷人迁到洛阳附近东面的成周，成为成周的住民。这部分文化较高、职业不固定的住民，影响到后来东周人民好作商人的事实。此外诸侯大夫子孙繁衍，小宗支庶不能尽得田土，再加上亡国寓公的子孙，这部分人也只好非儒即贾。最后经济上和军事上的演进，互相兼并，冲破了封建的大防。再加上都市、军备和交通的大量发展，更引起当时的大一统时代将要来临的观感。

不错，东方国家一切比较进步，应当东方国家先有统一中国的资格。但东方国家犬牙相错，彼此牵制，谁也成不了大事。反而秦接受东方的新理想，将国家用设计的方案组织起来，吞并了许多游牧部族，再在南方占据了富裕的巴蜀。因此秦的势力谁都比不上了。

前二四六年，秦王赵政（秦本赵族，所以姓赵）元年，赵政即后来的秦始皇。（此时为亚历山大死后七十七年，阿育王即位二十八年。）在这个时期，除去六国能够联合，切实对付秦国以外，早已失去单独抗秦的力量。但联合抗秦，并无一个国家能够有领导的资格，齐国尚强却早不愿打仗了。秦王政十四年，韩王安被李斯迫诱，对秦献玺称臣，并献南阳地。十七年，秦内史腾举兵入韩都新郑，虏韩王，灭韩，置颍川郡。十九年，秦将王翦灭赵。二十二年，秦将王贲灭魏。二十四年，王翦灭楚。二十五年，王贲灭燕。二十六年，王贲袭齐，齐兵散，无人守城，长驱入临淄，齐亡。天下一统。

秦始皇二十六年（前二二一年）六国尽灭，新的帝国成立。计算从十四年到二十六年，十三年间完全平定天下。其间过程非常顺利。中间固然有若干的人事问题，但这只是辅助的作用，不必过于夸大。因为强弱悬殊，早已经是命定的结果了。这时的秦王政自然睥睨古今，踌躇满志，便采用德过三皇、功高五帝的意义，立号为皇帝，作成一个从先未有过的尊号。并自称为始皇帝，预定后世计数为二世皇帝，三世皇帝，至千万世，传之无穷。

秦始皇为加新观感起见，又接受了战国时齐人邹衍的理论。以为周是火德，秦既然代替了周朝，应当是水德，水德的办法是服色尚黑，凡礼服和旌旗都用黑色。数目尚六，凡礼乐仪制的数目，俱以六作一个单位。改十月为岁首。政治要用严厉深刻的政治。

秦统一以后便划分天下为三十六郡。后来降越君，设会稽郡；灭东越，置闽中郡。至三十三年取陆梁地，置南海、桂林、象郡三郡；北击胡，收复河南地（河套）。其中象郡一区，便应当到安南的南部。东至海及朝鲜，西至临洮羌中，南到向北对日光的地方，北据河为塞，顺阴山到辽东。到始皇末年，设郡的总数大约为四十八郡[①]。

秦的郡是直属于中央政府的，郡下置县，郡的守，县的令，都非世职，也没有世禄。县以下再设乡、亭和里。与什伍的组织，成为一贯的连系。郡县俱有掾属，由郡守和县令征辟，来办理一郡和一县的事务，性质和现在的省县各科的科长科员相类。中央政府设丞相、御史大夫和九卿。丞相统筹全国的政务。御史大夫办理诏书，兼司监察。九卿管天子的一切事务。

秦和晋的政治组织，都渊源于西周；秦、晋本来相近，后来互为亲戚，当然有不少文化的交流。商鞅变法抄来三晋的成法，再加以变化，当然没有不可克服的困难。他的好

---

① 编者按：秦郡数目，向有多说。四十八郡说为王国维先生首倡。

处，便是就已有的成法，更加上一个天才的设计而已。

始皇吞并天下以后，便将秦的制度推行到全国。在一个雷厉风行之下，天下各处很快的也能和秦的制度相适应。他平定各国，在各国驻上重兵。将民间兵器一律没收了，铸成了十二个铜人，放在宫庭的前面。二十七年开始作贯通天下的驰道。从咸阳出发，东穷燕齐，南极吴楚。道宽五十步，每隔三丈种上青松。驰道本为的是天子车骑驰行道的意思，但其旁可以走人，所以对于军事和政治的联贯上，具有莫大的意义。

这时候确开了一个自古未有的创局。在"秦兼天下"（秦瓦当文）原则之下，统一了天下的度量衡，统一了天下的文字，统一了天下的钱币，将天下的富人十二万户迁到咸阳。秦新建的宗庙和园囿在渭河之南，但在渭河之北的咸阳北原上，仿照六国的宫室作成宫殿。

武力的统制不够，还要加上文化的统制。在始皇三十四年，置酒咸阳宫的时候，有一个仆射称颂始皇的功德，另有一个管文化传授和顾问的博士责备他的阿谀，并且对始皇的郡县制度有所批评。始皇征问丞相李斯的意见，李斯说："古时天下散乱，不能统一，所以诸侯都起来，他们的话都是说古时对，说现在不对。现在陛下全有天下，辨明是非。还有私人传授学徒，来议论国家法令，倘若不禁，那就皇帝的势力下降，人民的党羽养成。不如禁止为便。臣请所有史书只留《秦纪》，倘有不是博士官所管的，所有藏《诗》《书》和诸子百家的，一律焚去。令下三十日不烧，四年徒刑。所不烧的，医药和种植的书。如有愿学法令的，一律以官吏为师。"①始皇认可了这奏，从此民间的书便全焚了。

　　始皇以过人的天才，凭着几世的经营，遇见非常的时势，得到空前的成功，自然而然的发生了超人的思想。他巡狩四方，西至陇西，北至碣石、北地，东至邹峄、琅邪，南至会稽、衡岳，在泰山、邹峄、芝罘、会稽、琅邪、碣石均立石纪功，以期垂之万世。同时他派遣许多燕齐的方士，入海求仙，并且在骊山用大量的人工作一个大墓。虽然，求仙是当然失败的，四百六十个方士和儒生都被活埋，始皇最后也只在骊山的大墓作最后的归结了。

　　始皇对外是成功的，现在再来补述一下。亚洲中部和北部的大草原，自有史以后便是一个融化民族的大洪炉。

---

① 编者按：据《史记·秦始皇本纪》及《六国年表》，李斯建议史官保留的《秦纪》，当为《秦记》（本书多写为"秦纪"，后不再出注）；而其他不烧的书，尚有卜筮之书。

自战国起，在中国北部和西部与游牧民族相接的，便是燕、赵、秦三国。春秋以前的许多戎狄，许多融到中华民族之内，也有若干经战争分合再加上新入的分子，比较显明的，这时已经有东胡、匈奴、月支、乌孙等部落。而最占势力的便是战国时方才著闻的匈奴。在战国时开边的结果，大约燕国从造阳（今宣化）到襄平（今辽阳县北），而赵的势力，也曾伸展到现今河套地方。

始皇三十二年派蒙恬领三十万人北征，北到河套，直达阴山，设九原郡，并将燕赵旧日长城连接起来，西起临洮过阴山，东到辽东，成为有名的万里长城。并东征朝鲜，南伐百越，将百越的地方分置南海、桂林和象郡。南海郡约当今广东省，桂林郡约当今广西省，象郡约当今法属安南。这一个震惊千古的大事业，便在十年之内完成了。

始皇太得意了，并且席秦国商君法令之余，滥用刑罚。像连坐、夷三族诸法，都是六国的人民受不惯的，再加上一个喜怒任意，臣不敢谏，于是天下的"黔首"（老百姓）便无人不想始皇快死，于是始皇真成为"独夫"了。始皇长子扶苏比较仁厚，当始皇活埋方士儒生的时候，曾谏劝始皇，说诸生皆诵法孔子，不必绳以重法，恐天下不安。始皇大怒，命扶苏到北边监蒙恬去。但"二世皇帝"的位子，始皇还是留给他的。三十七年七月，始皇巡行至沙丘，病笃，便写遗书给扶苏命他到咸阳会葬并嗣位。书尚未发，始皇已死，遗书和皇帝玺都在宦官赵高手；始皇的死只赵高和李斯几个人知道，他们便假作遗书赐扶苏和蒙恬死，立始皇的幼子胡亥即位为二世皇帝。

胡亥即位才二十一岁，他曾经做过赵高的弟子，非常残暴。赵高独揽大权，大杀大臣及诸公子，近侍诸郎不得在侧。二世独居宫中，公卿大臣希得见面，于是赵高便大加蒙蔽，外事都无法上闻。二世二年，二世又听赵高将李斯杀了。

这时六国的地方早已不安了。二世元年七月，戍卒陈胜已在旧楚地起事，势力日广。六国其他部分也起来了。三年八月项羽虏秦将王离，秦少府章邯也降了项羽。赵高恐诛，便在望夷宫杀死胡亥，立二世侄子婴为秦王。子婴乘祭祀的时候赵高往谒，使人刺死赵高。但秦将王离既破，章邯的二十万军队已经被项羽坑埋了，关内无兵可调，秦国已经成了瓦解之势。子婴立四十六日，刘邦军已至咸阳，子婴乞降，刘邦未动子婴。月余，项羽率诸侯军至，杀子婴，屠咸阳，烧秦宫室，虏秦人子女，收秦人财宝。秦国数世的经营便从此残破了。

第二章 楚汉之际

秦始皇统一六国，无疑问的，在中国政治和社会史上，是一个显著的进步。这种百川汇海的现象，是必然的，而且是应当的事实。原先六国和秦，虽然文化汇流，却也早已发展了各处浓厚的地方色彩。最可惜的是六国被秦灭后，他们的历史都被秦毁灭。现在所存的，除去六国以前尚存一部《春秋左氏传》以外，魏国的《竹书纪年》在晋代发现过，又亡失了，现在只存零星的片段。太史公司马迁作《史记》的时候已经感到严重的困难，当时根据的只有秦国史官记下的《秦纪》，但《秦纪》很简单，又只有年而不记月和日。其余便只有纵横家《苏子》《张子》之类，这些书虽然是战国时记下的，但大部分不可信，只有当时社会的情形，略可窥见一些罢了。

然而从地下遗物的发现，还可隐约看出六国的地方关系，例如金村、濬县、郑县等处遗物所表现的周、韩、魏的中原文化，长沙寿县等处的遗物所表现的淮楚文化，临菑的遗物所表现的齐文化，易县李峪遗物所表现的燕赵文化。而从陕西所发现零星的秦遗物，也可以看出秦文化与中原文化密切的关系。在这许多情形看来，燕赵的文化，可以看出许多中国与亚细亚北部平原的游牧民族，已经有很好的文化交融，而产生了很调和的艺术。淮楚一带也经过长期的发展，产生了轻巧而华丽的作风。同时据文字记载上看，楚和赵也有他们独特的音乐。

　　在汉时有几个都市是很著名的，例如邯郸、临菑、洛阳、阳翟、定陶、寿春、郯、成都等处，大都可以推到战国时期，已经有不少的发展。其余如晋阳、吴、长沙、江陵各处也可以推到战国时已经立下规模。这些都市的发展，显示着商业资本已经有相当的发展，并且若干种的手工业，早已不是农村的副业，而向都市集中了。从此看来，每一处都应当有不少经营商业成功的人，《史记·货殖传》所记，不过一鳞一爪而已。

　　秦始皇统一天下，对于文字、度量衡作了一番统一的工作，其中如写放六国宫室，以及天下戍卒戍边，及徭役咸阳，对于文化的交融，当然有很大的作用。同时徙天下豪族及富人十二万户于秦，也可以将社会中一部分领袖人物监视着。然而秦始皇统一天下以后，仅有短短十年，他的融化政策还没有得到完全的成功。后来他的计划便全给二世皇帝毁灭了。

农业社会之中，人民的最大多数，都是只希图得过且过，除去耕耘收获以外，甚么也不曾①到。秦法严苛，役政繁多，山东六国的遗民，自然多是受不惯的。然而除非逃罪避役，不得已时落草为寇，倘若说都去想革命，那倒也不见得。但二世给赵高蒙蔽，使这种不利的情形蔓延下去，发展下去，再给有野心的利用，秦帝国的局面便终于不可收拾了。

秦二世元年（前二〇九年）七月，正是秦始皇死去一整年的时候，在蕲县（秦属泗水郡，今安徽宿县南）的大泽乡附近，停留着九百多个被征发去戍守渔阳（今河北北部）的士卒。天大雨不止，道路不通。这支队伍已经没法如期达到指定的处所，秦朝的法律，将吏误期者斩。在这个队伍里的屯长陈胜和吴广想出了一个死里求生的办法，

---

① 编者按：原刊此处疑缺一字，如"得"或"想"。

激励部下，举兵造反。他们冒称秦公子扶苏，和楚国抗秦兵败自杀的大将项燕。他们接连攻陷了大泽乡和蕲县城，攻城占邑，继续前进，到了楚国故都陈县城时，已经有步兵数万人，骑兵千余，车六七百辆了。附近许多郡县也杀了官吏来响应，陈胜便自立为王，号张楚，以吴广为假王（代理的王）。

陈胜的发难正像在干透的草堆上点起一个火头，一会儿就造成了"燎原"的形势。不到两个月，秦帝国的东方半壁大都成了乱区。在这年九月间，受陈胜的派遣而西上的一支十万人的军队，到了戏水沿岸（后来的新丰附近），距咸阳不到一百里。原来赵高一直瞒着二世，不露东方乱事的真情，这时已经瞒不住了。帝国的军队几乎全已开到沿边；仓卒间开不回来。二世只好赦免在骊山替始皇修墓的刑徒，并解放奴隶的儿子，命令少府章邯为将，向东应战。章邯居然得着胜利，他大破东面的军队。吴广先被部下所杀；到二世二年十二月（秦以十月为岁首），即陈胜起事六个月以后，因为章邯军的进展，陈胜也被部下所杀了。

陈胜、吴广虽然打败了，但关东起事的还是势力一天大一天，其中以在陈胜起事地点左近起事的刘邦和项羽为最重要。刘邦是泗水郡沛县人，在秦时做过亭长（秦制百家为里，十里为亭），因为替本县押送刑徒赴骊山，半路跑了许多，他预计到达时他们必然跑完，索性把剩下的都放了。他自己也逃到山泽里落草。刑徒跟他的有十几个人，等到陈胜起兵，沛中无赖子弟随他的已经一百多人了，他便还据本县，收兵得二三千人。项羽是项梁之侄，项梁是故楚将项燕之子，尝因杀人避仇，到了吴县，成了当地在野士大夫的领袖。项羽和他的叔父同在吴中，身材魁伟，力能扛鼎，项梁教他兵法，他略通大意，便不肯再学。陈胜起兵以后，项梁使羽袭杀会稽郡守，收郡中兵得精锐八千人。

项梁叔侄率众渡江之际，陈胜已经被杀了。他击杀在彭城自立为王的楚贵族景驹。用居巢老人范增计，立故楚怀王孙子名心的为王，仍号为楚怀王。刘邦也属在楚军的部下。

这时六国之后，纷纷立王。章邯击破齐魏两国。项梁援齐得胜而骄，最后也败死了，章邯便移兵击赵。楚王用一个曾经预料项梁必败的宋义为上将军，遣兵救赵；同时派刘邦领一支军队直捣咸阳。

楚王和项羽之间，早就有冲突了，项羽慓悍好杀，锋芒甚露，楚王不敢重用他。但他早想伺机而发了。宋义到时，秦兵已破邯郸，进把赵王围在巨鹿。宋义不敢前进，这时项羽便乘机斩宋义，率军急行渡河。既渡，他沉船，烧庐舍，只带三日的粮，以示不胜决不生还。到了巨鹿，九战皆捷。诸侯友军原先不敢进兵的，至此也都反击秦军了。章邯这时，因为二世和赵高的猜忌，便降了楚军，时为二世三年七月。项羽不相信他们，西行到新安将他们二十万人悉数坑杀，只留章邯等几个首领。

刘邦西上的一支军，取道陈留、大梁、颍川、南阳，入武关，经上雒（商县）到了关中平原。这时秦兵主力方由章邯率领之下，与项羽在巨鹿相持，刘邦走的一路多半空虚，无甚阻挡。二世三年七月入了武关，到九月便到了霸上。秦王子婴因为无兵可调，他便奉皇帝玺印，降于军前。刘邦到了咸阳尽除秦苛法，并且保存子婴不杀，秦民大悦。

项羽西上之后，刘邦闻知封章邯为雍王，便发兵守函谷关，并征关中兵来增加自己的实力。项羽攻破函谷进至鸿门，与刘邦只相距四十里。刘邦自知不敌，亲往项羽营中解说，并由项羽的哥哥项伯①的至交张良设法托项伯疏通。当时范增劝项羽即席杀刘邦，但项羽听了他哥哥项伯的劝告犹豫起来，刘邦才得逃走归营。此事是刘项成败关键之一，后来人对于项羽有若干批评，不过当时的实情太不明了了，对古代的事不便从很少的根据来说，现在知道的项羽对他的项家人，确实相信些。同时范增是一个纵横家，与项家并无甚深的渊源，他所劝立的楚怀王，后来和项羽有摩擦，大概也是可以知道的。自然项羽可能把此事认为是范增的失策。当项羽虽入关中，但东方诸国问题尚多，正应招揽天下英雄，不宜示人以不广，使天下英雄失望。据说当时项羽率领入关的共有四十万人，然而可以想到多半是杂牌。假若杀了刘邦军心是否可以不受影响，甚为难说。况且刘邦自己个人前来，军中尚有人指挥，杀了刘邦，也不见有用。所以项羽不杀刘邦正是英雄见地，范增的阴谋反为小气，只是当时项羽未能夺得刘邦的军队，轻轻将他放走，不免有些失策罢了。

项羽到了咸阳，遥尊怀王为义帝，自立为西楚霸王，领楚魏等九郡，都于彭城；封刘邦为汉王，领巴蜀和汉

---

① 编者按：项伯是项羽的叔父。

中，都南郑。分关中为三，封秦降将章邯、司马欣、董翳为雍王、翟王和塞王。其余各地封自己的将士和友军的领袖九人。在他东归之前，他杀秦王子婴，屠咸阳，火烧秦宫室，据说三月不灭。再派人击杀义帝于江中。

这时故齐王田儋的弟弟田荣，杀了项羽立下的齐王田都，项羽便亲自去攻齐。在攻齐的时候，损失了不少的兵力，虽然杀了田荣[①]，但对于田荣的弟弟田横却连战未能下。然而这时刘邦已经乘机北定关中，将三秦灭掉，率领五十六万人东伐了。

最后项羽被刘邦击败，逃到乌江，因为从会稽领出的八千子弟已经全部损失，不愿再过江见江东父老，便在江上一个渡头乌江地方（今安徽和县东）自杀了。刘邦终于成了汉代的高帝，封项伯诸人为列侯，诸项一律保全。

从楚汉之际一般情形看来，在一般人意识当中只有两点可以注意的。即：（一）大帝国的机缘虽然成熟，但一般人所想像的还是封建的共主，并非郡县的帝国；在六国遗民中大部分还有想仍然恢复六国时代的意识。（二）凡作群众领袖的，不论他原来所属的阶级高低，他们最终的

---

① 编者按：据《史记·高祖本纪》及《项羽本纪》，田荣战败，逃到平原，为平原民所杀。

目的都是为个人爬上更高的阶级，为取得富贵。得到富贵以后，自然成为贵族，不论何人并无任何的阶级自觉。

关于第一点，但看六国的纷纷立王，以张子房的见识，最初也还不能自外。项羽到秦以后，大封诸侯，自己却东归自立为西楚霸王，也显示着并无承继秦帝国的壮志。范增号称谋士，但只会劝项羽杀刘邦。项羽坑秦卒，焚秦宫室，杀子婴，屠咸阳，未闻有所劝阻。这种只会猜忌别人，不会自己建立基础的人，其智慧实在劝高帝都关中的娄敬之下。当时对于秦帝国还能寄以同情的，只有萧何。他明习秦的法令，通达秦的制度，到咸阳以后，立即收秦图籍，有了这个建国至宝，便可以树立汉帝国的组织了。当刘邦初入秦时，部下官制还是楚式的，但做了汉王之后便改成秦式的。这也可以表示刘邦有继承秦国的宏愿，而这与萧何又一定是有关系的。

关于第二点，也可以看得很清楚。秦本身是贵族，项羽原先也是世家，只有刘邦是平民，这是不错的，但刘邦意识中却很清楚的仍然愿做旧时的贵族。例如看到秦宫室便要说"大丈夫居宜如是"①！叔孙通朝仪既成，便说："而今而后知天子之贵也"②！这和项羽说秦皇帝"可取而代"还不是一样？陈胜也是出身平民的，然而他未起兵以前便说"苟富贵，无相忘"，所想的是他自己的"富贵"！当然后来要居殿屋帷帐，要使人惊曰"夥颐！涉之为王沈沈者"了。所以凡是当时的领袖，不论他原来出身怎样，到了可以做贵族时，他当然是贵族的意识。须知当时一般人把人类之应当有富贵贫贱，还认为是天经地义。当时社会中只许有一两人将他自己阶级提高，却无消灭阶级的可能，这是继承战国布衣卿相之局来的，并非新创。所以现在有不少的人认为刘邦是平民革命的创始，实在是陷于时代错误的。

至于有人认为项羽"其所任爱，非诸项，即妻之昆弟，虽有奇士不能用"（见《史记·陈丞相世家》），这是带有贵族性的，其实不然。刘邦将刘交置在左右，以刘

---

① 编者按：此句疑出自罗隐《英雄之言》："救彼涂炭者，则宜以百姓心为心。而西刘则曰：'居宜如是。'楚籍则曰：'可取而代。'"《史记·高祖本纪》云："高祖常繇咸阳，纵观，观秦皇帝，喟然太息曰：'嗟乎，大丈夫当如此也！'……（沛公）西入咸阳。欲止宫休舍，樊哙、张良谏，乃封秦重宝财物府库，还军霸上。"

② 编者按：据《史记·叔孙通传》："汉七年，长乐宫成，诸侯群臣皆朝……竟朝置酒，无敢欢哗失礼者。于是高帝曰：'吾乃今日知为皇帝之贵也。'"

贾、吕泽为将；洪秀全更非诸洪不信，难道也是贵族习性吗？不错，刘邦布衣天子之局，常为古人所称道，但这只是觉得惊奇而已，并非说当了天子以后还可代表布衣。对于汉代人的想法，看班彪《王命论》便可明白，在此不必多说了。

陈胜失败，项羽失败，只有刘邦胜利了，其中毫无平民贵族的原因在内，只有一件事可以注意的，便是在群雄之中，刘邦及其辅佐的人是秦吏，其余都是六国遗民（高帝为亭长，对于秦的法令当然要明白些，陈胜、吴广是临时的屯长，应非其比）。尤其萧何大量的用秦法，更是成功的基本条件。秦帝国的法度的确是当时中国最适当的法度。秦代除去用法过分严苛之外，他的统一规模，在时代上并无多大的错误。始皇偶然死在沙丘，使二世得立，赵高辅政，实是临时的变故，但秦帝国规模还是合于时代的要求；刘项之争，刘代表秦帝国的法度规模，项代表六国的法度规模，当然是最后刘邦成功了。

项羽是对秦帝国毫不同情的，这种心理发展下去，自然要对秦帝国尽情摧毁，然而他对于东方却也不能休养生息。项羽对秦民的积怨，使得三秦诸王无法利用秦民来抵抗汉王。但汉王到了三秦，却可利用秦民复仇的心理来对付项羽。原来项羽是想利用刘邦和三秦相争，借以乘其敝。却不料刘邦轻轻定了三秦，反得进而乘了项羽和田荣相争之敝。项羽伐田荣之失计，诚然为苏轼所论："项籍唯不能忍，是以百战百胜而轻用其锋。高祖忍之，养其全锋而待其弊。"然而根本原因还是由于对秦帝国的认识上。

世人常以明太祖朱元璋比汉高帝，这是并不十分切当的。汉高帝保全项氏，明太祖甚至对郭子兴的后人也一律不留。汉高帝时除去韩信、彭越为吕后杀掉，他承认了既成事实两件事以外，陈豨、黥布确实反叛，不能怪他杀他们。其余一百多个封臣列侯无一个不是保全终始。至于汉高帝对于功臣不能像汉光武的防患未然，但功臣受封大国已为时代所不许，韩信所说的"狡兔死，良狗烹"本是一面之辞，其后与陈豨通谋，也自有取死之道。现在实不能看作汉高帝为猜忌而杀功臣的坚强证据。但不幸这件事被后人曲解了。明太祖便是上了这种曲解的当的一人。他屡兴大狱，甚至像李善长那样的循谨，宋濂那样的隐退，也都牵涉在内。这些事对于明朝一代只有坏的影响，毫无一点好处。只是他诛戮功臣之际，天下久已大定，宋儒君臣之义早经支配人心，所以他的皇位不至于发生问题。然而他假如不诛戮功臣，那也一样不发生问题，岂不更好些吗？

第三章　从布衣天子到无为而治

　　从春秋到战国，中国大一统的需要，在事实上已经形成。在被秦灭去的六国中间，只有楚国和其他国家民族上稍有分歧，所以有"楚惟无罪"和"楚虽三户，亡秦必楚"的议论。其他的故国人民，只是怨秦苛暴，而不是民族上的自觉。所以汉代山东诸国重归一统，是个必然的事；在楚国方面，因为汉高本从楚国的部众分出，所以也就无所谓了。

　　项羽是有强烈楚国气息的，汉高帝刘邦却代表着一统下的人民。刘邦出身是一个完全的庶人阶级，他的先世得姓的来源是无从稽考的，后来的传说完全不可相信，只能知道他这个家族在战国时是魏人，秦灭魏灭楚，将他的父亲刘太公和他的祖父刘丰公迁到楚国的故地沛郡丰邑。刘邦便生到这个环境之中，所以他实在是一个和楚国并无关系的楚人。

刘邦家族是一个薄有产业的农业家族，他父亲刘太公和他的两个哥哥经营着这个田庄。秦国人的风俗是家里过得去，儿子长大就分家；家里过不去，儿子长大便给人做招养女婿。刘家似乎承受这个风俗，他们弟兄们大概分家了。刘邦也就应试县里的小公务员，结果被派充一个亭长。

刘邦是一个仪表雄伟，性情豪爽，受过不太多的教育，而爱好朋友的人。秦始皇死了，他被县里派着送罪人到骊山给秦始皇修陵墓。罪人逃走的太多，他因为怕犯罪，便率领剩余的罪人回到家乡附近的泽地去做土匪。后来因缘时会，平定了其他的英雄部众。所以他和项羽是不同的，他对于楚国，并无特殊的爱好；对于秦人，也没有什么深仇巨恨，非报复不可。他不惟不是六国的世族，因而对于过去六国的文化，没有甚么温情的留恋；他并且是曾任过秦代吏职的人，对于秦代的制度，反而觉得熟悉和方便，并且他的主要助手，甚至可说他的幕后指挥者，萧何，是一个对秦代的典章、制度、法令，很有修养和同情的人，到秦以后又收到秦的一切文献。所以他起兵之时，在楚王旗帜之下，用着楚的制度，到了关中，便渐渐的完全采取秦的旧法了。因此，现在可以说，汉高帝刘邦在地域性方面，他代表的不能说是楚人，也不能说是魏人，他只代表一个广泛的东方人；在政治系统方面，他却接受着过去的秦帝国。所以他和他的子孙便在这个调和折衷局面之下，维持下去。

刘邦在汉王五年做皇帝，到十二年便死了。他的儿子惠帝即位，皇后吕氏称制管理着国家①。惠帝立了七年死去，吕后又立了两个惠帝的儿子称作少帝的，又管理了八年的国事，也死去了。吕后是一个强毅而残酷的女子，高帝的得天下，她确有相当的力量。但斩汉高帝的功臣韩信和彭越，都出于吕后的独断。后来高帝死后对于高帝的宠姬戚氏和她的儿子赵王如意，也处置得过于凶横。至于她当政的十五年中，却又任用得人，与百姓休息，立下了汉朝一代的承平基础。在她生前对于她娘家吕氏甚为偏护，她死了以后，一部分不得意的刘家宗室，和大臣联络起来，将吕氏的家属和少帝杀死，迎接汉高帝一个不得宠的薄姬的儿子代王恒作了皇帝，这就是汉文帝。据当时大臣

① 编者按：据《史记·吕太后本纪》，吕后临朝称制，是在惠帝死后。又《空山堂〈史记〉评注校释》引《索隐》："吕太后以女主临朝，自孝惠崩后立少帝，而始称制。"

认为少帝不是惠帝的儿子，但并没有什么证据。吕氏在汉初，势力似乎尚不及东汉的窦氏和梁氏，也并无危及刘氏王朝的可能。这只是一个政治阴谋，并无多少是非可论。不过立出来的汉文帝，却是中国历史上一个有数的贤君。

文帝在一方面可说是宽仁长者，在另一方面却是有相当的作为。在文帝的初年，一般将相挟着"拥戴"之功是不便处置的，但文帝轻轻的安置下去，两年之中将京师的军队南北军尽归到他的心腹宋昌手中，并罢周勃就国，从此王权便巩固了。他自奉甚俭，平时穿着是墨色的厚帛，并无文绣；他所幸爱的夫人，衣不拖到地上[①]；曾经拟作一个露台，匠人估计要用一百斤金子（一斤合七点八〇九市两），他说要合中等人户的十家产业，便停止不做了。

尤其可以注意的，是他的除诽谤罪诏，诏文说：

> 古之治天下，朝有进善之旌，诽谤之木，所以通治道而来谏者。今法有诽谤妖言之罪，是使众臣不敢尽情，而上无由闻过失也，将何以来远方之贤良？其除之。

---

① 编者按：据《史记·孝文本纪》，无文绣者，指文帝妃慎夫人的帷帐："上常衣绨衣，所幸慎夫人，令衣不得曳地，帷帐不得文绣。"

本来谏诤一事，是中国政治上的一个重要特质，如《孝经》说："天子有争臣七人，虽无道不失其天下；诸侯有争臣五人，虽无道不失其国；……故当不义，则子不可以不争于父，臣不可以不争于君。"到秦始皇自命为德过三皇，功高五帝，便无人敢谏诤了。自然，秦始皇的成就确是旷古未有；但因为臣不敢议君，所以虽然刻苦辛勤到每日用衡石秤出一定分量的文牍，非批阅完了，不肯休息，也免不了二世而亡。汉高帝虽然矫正了不少，但明白的表示，还是文帝这个诏。

　　文帝有几件事是过人的。在文帝后六年那一年，匈奴入边。屯军霸上、棘门和细柳来防匈奴。屯在细柳的将军，是河内太守周亚夫。文帝亲自慰劳军队，到霸上和棘门，直驰进去，将军以下，亲自接送。到细柳以后，军门都尉对皇帝的前卫说："军中只闻将军的令，不闻天子的诏。"只等文帝的诏传到周亚夫，亚夫才叫开门。但壁门的门士和文帝的车骑说："将军有约，军中是不能驱驰的。"文帝只好按辔缓行。见了周亚夫以后，周亚夫向天子揖，并且说："介胄之士不拜，请以军礼见。"文帝出营以后，他的臣子们都非常惊讶，文帝却说："此真将军矣！"后来匈奴未到长安附近，文帝立刻升周亚夫做中尉

（京城的卫戍司令），临死时的遗嘱，还是"即有缓急，周亚夫真可任将兵"。

有一次文帝行到中渭桥，有人从桥下走，惊了驾车的马，文帝使随从的骑士捉到这人送给廷尉（大法官）张释之。张释之回奏说："这个人应当罚金。"文帝大怒说："这个人亲自惊了我的马，幸亏马还和顺，倘若别的马岂不伤了我？廷尉怎能罚金呢？"张释之说："法是天子和天下公共的，法是如此，倘若加重，便是和人民失信。廷尉是天下的平衡，廷尉用法失去准则，天下用法随着轻重，百姓的手足都无法安置了。"结果文帝还是听了张释之的话。

文帝时候，国内一切平定，只是高帝时分封子弟做国王的，一天一天骄纵起来了。汉代的诸侯共有诸侯王和列侯两个阶级，王是继承秦汉间群雄的领土，列侯是承继秦的制度。秦灭六国改为郡县，不来封王，不过列侯一级还存在的。周天子分封的卫侯，终始皇之世未废，直到二世方才废去。李斯上书自称爵为通侯。以种瓜著名的邵平，在秦时是一个东陵侯。在高帝平定天下的初年，连封功臣带追认项羽的降将，一共有七个王，后来逐渐取消只剩下一个二万五千户的长沙王吴芮，其余的都来分封子侄，其他功臣一百三十多个都封做列侯。

高帝将子侄封做国王，大概是因为秦行郡县制度，十五年就亡国，周行封建维持了八百年。所以要分封同姓，免得天子孤立。并且高帝还立誓："非刘氏而王者，天下共击之。"所以王和侯的势力是大不相同的，王的领土至少一郡，侯却至多一县。不过汉的封建和周的封建完全是两回事，周是从氏族部落衍变下的一个封建基础，从诸侯、大夫、士，一贯下来都是政长而兼地主的封君，造成一个整个的封建宗法社会。汉代的社会基础早已由春秋到战国的长期演进，所有众庶都是有自由身份的农人和工商。所以不但侯国只等于一个县，列侯不过衣食用了侯国的租税，就是王国因为社会基础不同，王国的兵符在皇帝派去的丞相手中，国王要得到同意才能发兵，所以也和郡有相似之处。

只是朝廷对藩王虽然加以控制，但因为地位和天子究竟太接近了，很容易起阴谋和叛变。文帝初即位的六年间，济北王和淮南王先后叛变，然不久便平息了。吴王濞又招纳亡命作叛变的准备，并且又自铸钱自煮盐来充实财富。在这时候以博学著称的洛阳人贾谊上有名的《治安策》，其中"可为痛哭者一"便是诸侯王的问题。他形容当时的藩国是"一个小腿几乎和腰一样粗，一个指头几乎和大腿一样粗"，他主张的是"众建诸侯而少其力"。后来文帝分齐国为六，淮南为三，便是这个办法，只是对于吴王却无可如何。

文帝死，他的太子景帝即位，用了颍川人晁错的主张，把诸侯王的领土直接减削下归到朝廷。这时吴王便联络胶东、胶西、济南、淄川、楚、赵共七个藩王一同造反。景帝慌忙之间杀了晁错，造反的七国并无罢兵之意。因此便派了文帝遗命可以做大将的周亚夫来领兵平乱。七国早有准备，军容甚盛。但七国却只有步兵，骑兵甚少，周亚夫便坚守着几个据点，不和七国作正面冲突，另用骑兵来分道包抄，不到三个月这个战事便解决了。景帝乘着战胜的机会，把藩国的官吏大加裁减，丞相改为国相，和朝廷相同名义的九卿只留一二个。经这一次改革，诸侯王名义上是藩君，实际上只是一个闲住食禄的冗员，国相和郡太守实际上除去将钱粮作藩王的享用外，也和郡太守差别有限了。

秦代十五年的工役，人民已感到厌倦，又接着楚汉间八年苦战，天下平定，人口突减。这时不但将相要坐牛车，天子驾车用四匹马时，甚至于找不到一样的。

幸而此后六七十年中，总保持着长期的和平，当政的人也尽量主张与民休息的政策。高帝时的相国是萧何，萧何死了，向惠帝举曹参替代他自己。曹参做相国，一切的事情完全照萧何的约束。他的掾属专求年岁大的、并且不善辞令的"谨厚长者"，所有持法刻薄和讲文辞务声名的完全不要。

相国府中，没有什么事，惠帝怪相国不理事。曹参见惠帝说："陛下自察圣武孰与高皇帝？"惠帝说："朕乃安敢望先帝！"参说："陛下观参孰与萧何贤？"惠帝说："君似不及也。"曹参说："陛下言之是也。且高皇帝与萧何定天下，法令既明具，陛下垂拱，参等守职，遵而勿失，不亦可乎？"汉代的行政组织，因为承继着秦代划一的办法，本来就简单，直捷，再加上一个不故意多事的传统，所以百事都按着轨道，无不顺遂。后来文帝、景帝也照着这个办法，完全成功。这种"无为之治"可以推行的，正完全因为有一个简单有效的组织，这一种组织实行好，便是以"法治"代替"人治"，并非完全的"无为"；汉以后这一个简单明决的组织破坏了，便没有一个敢学上曹参了。后来百姓的颂歌便是：

萧何为法，讲若画一；曹参代之，守而勿失；载其清靖，民以宁壹。

正是有萧何的立法，才有曹参的无为。

从萧何、曹参以后，到文帝、景帝之世，据史家司马迁的记载，是："除过水旱之灾以外，百姓每一个人每一家都是足用的，城乡的仓廪都堆满东西，府库藏满了钱财；京师的钱积得穿钱的绳都腐败了；太仓的粮食，年年加添，露到外面，到腐败得不可吃了。百姓家家有马，田间道路上遇见的都是成群的马。"在这一个政权集中，民力充实，一切都上轨道之世，只有匈奴一个外患了，武帝便在这个时候承继上大位。

第四章　汉武帝的生平

　　自汉平天下之后（前二〇一年）到武帝即位之年（前一四〇年）已经六十年了[1]。在这六十年之中，经过文帝的休养生息，人民的财富有相当的发展。再在景帝时平定了七国之乱，中央政府对于地方的威权也增加起来。然而这个时代因为国内平定，国内的豪富的势力[2]，国外匈奴的压迫也格外显著了。

　　匈奴当秦末中国大乱，给予一个复兴的机会。这时匈奴的冒顿单于也是一个枭杰，他向东大败东胡，向南侵占了秦人的河南地（河套），并且侵入现今的陕西的延安、

---

① 编者按：公元前二〇二年项羽败死，刘邦称帝；前一四一年刘彻即位，相隔约六十二年。

② 编者按："势力"后疑缺"增长起来"之类的文字。

甘肃的平凉一带，向西灭了月氏（在甘肃河西一带），把势力伸到现今的新疆，将这里的三十多国也都变成匈奴的附庸。

汉高帝七年因为匈奴入侵马邑，韩王名信的降于匈奴（六国韩之后，与韩信同名），高帝亲自伐匈奴，至平城，步兵尚未全到，被匈奴三十二万人围住，七日乃解①。以后便用娄敬的计策，用了同宗一个女儿嫁给单于，加送上美酒、稷米及杂缯之类。此后到武帝初年共修七次和亲，互通关市。但匈奴偶然还有大举，汉兵至方去。平常也间或有寇抄。总之匈奴得着和亲的利益，还保持着行动的自由，对于汉的边疆并无保障，这是汉人不能忍受之处。

汉初国内的豪富，可分为豪强和商贾两方面来说。所谓豪强，一部分是所谓游侠的，一部分便是当时的地主。汉代的游侠实际上便是若干的游民组织，当战国的晚期，各大国的贵族养着许多流荡的游士和技勇的人作成他们的死党。后来一般平民也受了这种风气，有许多人是尚意气，重然诺，轻死生，不惜以全力救人的急难。而这些受接济的人，也不惜以全力相报。因此私人的相互间，便

---

① 编者按：汉、匈奴兵力，《史记·匈奴传》记为三十二万人、四十万骑，《汉书·匈奴传》记为三十二万人、三十余万骑。

成了一个不具形式的组织，而以一两人作成领袖的团体。这一个团体的人便自成了一个势力，官府和法律都不敢干涉。比较高明的还止报仇杀人，其下流的便放赌，掘墓，白昼在大都会上劫吏夺金了。

在汉代的时候地主的权也非常大，其中有许多是六国的贵族，农民要将收入的二分之一献给地主。这一类人势力大了，当然也要武断乡曲。至于商人在封建时代本来被轻视的，然而交通和都市的发展，使得商人的势力也增长起来。秦代虽然贱视商人，始皇在泰山刻石中自称"重农抑末"[①]，在兵役上商人和犯罪的官吏是同被征发的，但他也不能完全贯彻他的主张，他曾因为一个巴人寡妇名清的擅有丹穴的利源，便给她奖励，又将牧畜起家的乌氏倮给予奉朝请的荣誉。汉高帝时也痛抑商人，令商人不得衣丝，乘马，操兵器，又规定商人算赋加倍，子弟不得为官，但到惠帝时便将这种限制除过为官一项以外，都给撤消了。据司马迁的估计，通都大邑至少有三十多种的营业，各在一定规模之内比上千户的封君。据文帝时晁错所说的，商人穿衣必有文采，吃的是细粱和肉，因为有资

---

① 编者按：据《史记·秦始皇本纪》，当系指琅邪台刻石，有"上农除末，黔首是富"之句。

产，所以可以交结王侯，比官吏还有势，用利来倾轧，在几千里之中游玩着，总看见他们的衣冠和车盖，丝织的衣冠，驾着坚车和肥马[①]。贾谊也说过他们可以出几万石粟，几十万个钱，坐着官家的传车，周游天下，丝织的黼绣花纹本来是天子之服，但富人用来盖墙[②]！因此他们往往也就可以利用金钱购买土地成为地主。

这样外面匈奴的压迫，内面富豪的兴起，对于天子的威权无疑的冲突甚大。不过文景之世及武帝初年窦太后临朝之际，朝中是黄老学者的势力，黄老的主张可以文帝的"慈，俭，不为天下先"来代表，对于他们都不愿干涉的。这时匈奴得着汉代的遗赠，大致可以满足，并且力量也不足以灭汉，所以大致在和亲之中平安过去。商人势力的发展，就全国的国富论，也并无害处。固然社会中潜伏着若干不平，但表面上是雍容和易，并未到决裂的程度。因此文景的盛世规模，就这样的下去了。

---

① 编者按:《汉书·食货志》云:"千里游敖，冠盖相望，乘坚策肥，履丝曳缟。"形容商贾的奢侈情形: 到处游玩，一路上往来不绝，乘坚车，赶肥马，穿丝鞋，着绢衣。

② 编者按: 《汉书·贾谊传》: "矫伪者出几十万石粟，赋六百余万钱，乘传而行郡国"; "美者黼绣，是古天子之服，今富人大贾嘉会召客者以被墙。……且帝之身自衣皂绨，而富民墙屋被文绣。"

然而好景不常，文景用因循姑息的方法做成的盛世总有被清算的一日。本来学说的流行是由社会的客观需要决定的，但是其中还有复杂的关系，不是简单公式所能代入。周秦诸子到了汉代，都是学说产生在前，而社会的适应在后，一个学说的产生，只是前一个时期的反应，并非后一个时代的预言。在许多前期反应出来的学说，只有少数被后一时代所选择，他的形式和内容，绝非为后一时代而设，并且被采用的时候，还有若干人事的偶然成分在内。如果前一时代倘若不反应某种学说出来，则后一时代采用时，也当然在其他各种学说之中，选择他这一时代最适宜的另一种内容和形式。那就产生了一个完全不同的局面。所以虽然有社会需要的关系，还夹杂其他的成分，因此汉初黄老的被采用着，虽然有时势的要求，却不完全是必然或命定的现象。因为文景时代国力早已恢复，若在其他的朝代，早已从事领土的扩张及工程的建设了。

　　汉初黄老的为皇室所信仰，自然因为他有利于皇室或王朝。但时代演进的结果，黄老放任的政治起了许多潜伏的危机。前如贾谊，后如晁错俱曾说过。因此朝廷的改制便势在必行了。

汉武帝刘彻以十七岁的少年即位为天子[①]，在未为天子的时候，受了他的舅氏田蚡和他的老师太子少傅王臧的影响，对于儒家的礼乐有些爱好。道家主张绝圣弃智，儒家博学，所以为人师的容易是儒家。对于当时因循的政治当然不满。他即位之后，以窦婴为丞相，田蚡为太尉，都好尚儒术，他们推荐王臧为郎中令（掌天子宫殿和守卫的近臣），又推荐赵绾（王臧的同学）为御史大夫。即位的次年，改元建元以后，便诏将相大臣荐举贤良方正、直言极谏之士，原意当然是要网罗儒家的人才，董仲舒的天人三策，便是这一次著名的杰作。

　　武帝的祖母窦太后本来是崇信黄老的人，对于儒家是向来不满的。这时田蚡等把窦氏宗族无行的人除了贵族的名籍。又勒令长安的列侯各回本国，住在长安的列侯大部分是外戚，都向窦太后诉怨。建元二年御史大夫赵绾请不要再到长乐宫窦太后处奏事。这一次将窦太后激怒了。结果赵绾和王臧下狱自杀，窦婴和田蚡也都免职，儒家的活动停止了一个短时期。

　　在这个时期之中，只有武帝在建元五年（前一三六

---

① 　编者按：刘彻生于公元前一五六年，前一四一年即位，时为十六岁。

年）增置五经博士一件事。但文景时代太常博士七十多人，治五经及诸子百家的都有，这时武帝并无办法。到建元六年，窦太后死去，武帝以田蚡为丞相，用董仲舒以前的建议，将黄老、申韩、纵横的博士一概罢去，由此儒家便永远在国家取得正统的地位。

这是一个不能避免的事，这是事实上的需要；而非可以用是非来批评的。凡是一个统一国家，一定要有立国的最高原则，否则沦于散乱无章。（即在现在自由主义国家，天赋人权的理论和基督教的教义，仍然是立国的最高原则。）在先秦诸子中，儒家集往古的大成，成说最早，固不必说。其他各家，也自有其不适于作立国最高原则之理由，申韩崇尚刻深的法术，秦时试验失败，此时当然不敢再被舆论所拥戴。墨家自处过勤，自奉过刻，本非人情所堪。倘若师承不绝，尚可自成宗派，但在战国时经数次的打击（譬如吴起在楚本有儒墨相争的痕迹，吴起既死，墨家也被楚人一网打尽），此后虽有墨家，却不成势力。宗派已绝，自无人能再抬出他们。纵横家只是天下分崩时取利禄的工具，对于国家的治体，毫无贡献。黄老一家虽然是西汉初年的显学，但他们的人生观，最后还是空虚无主，破坏性多而建设性少。他们的政治理论更对于大帝国组织的巩固，大帝国前途的开展，不但毫无用处，而且流弊日渐显著，绝无再能继续的可能。只有儒家应用博学的方法，综合历史的经验，保存下尊天敬祖的宗教，立定忠恕诚信的原则，扮演孝弟忠节的道德，来规定典章礼乐的规模。其代黄老而兴，乃势所必至，理有固然了。

武帝为人诚然是个儒家的信徒，然而为人肆情任性，不惟自己不能控制，并且自己也不愿控制，汲黯说他"陛下内多欲而外施仁义"，是一个极切当的批评。所以他个人品德，是远不及文帝的。

窦太后建元六年（前一三五年）的死去，给历史开了一个新阶段，她所镇抑的历史上几支暗流，终于因为她的死亡而显现。在内政部分，黄老退后，儒术确立正统的地位，所受到影响的便是在博士之中，罢黜百家，表章儒学，为儒家的五经博士设弟子员，额定五十人，一岁辄课，能通一经以上的得补吏，高第可以为郎中（天子的侍卫）。其博士弟子补郡国吏的，如成绩优异，也得补郎。从此以后仕途之内便加入了不少的儒家。其次便是宰相从来是功臣或功臣子孙充选的，至此也以儒士充任。而从前以丞相史监察各郡的，至此也设了经常的刺史，一方面督察郡太守，一方面也负着省察贤才的责任。此外关于经济上的设施，这和对外有关的，在后文再说。

武帝对外的成绩，是武帝最有贡献的杰作。当窦太后死后，武帝便以兵屯北边。本来儒家对于对外关系上，用强硬或软弱的办法，是一个并未完全解决的矛盾问题。譬如在《论语》上说"微管仲，吾其被发左衽矣"，而对季氏伐颛臾则说要"修文德以来之"。在《孟子》中不主张用兵，但对于周公的诛纣伐奄，灭国五十，却大加推颂。尤其《荀子·议兵篇》所主张的仁义之师很难画一个明显的分界，这和道家一贯的不主用兵是不同的。汉兴以后，晁错和贾谊都是和儒家有关的政论家，他们的作风颇有相似之点，而主张强硬对外也是一致的。这一点和汉武帝的一般儒家颇不相同。武帝大概对于这类的主张受有影响，所以他的主张有许多地方是贾生《新书》的实行者。

匈奴的境域，北抵西比利亚，东达热河和辽宁的西部，西达哈密一带，南在阴山一带与汉交错。元光二年，汉遣马邑人聂翁壹降诱匈奴，匈奴入寇，汉以兵三十伏在马邑旁①。被单于发现，单于自去，汉的计划没有成功，但一场狠斗便从此开始了。

---

① 编者按："兵三十"后疑漏"余万"。《史记·韩长孺传》云："当是时，汉伏兵车骑材官三十余万，匿马邑旁谷中。"

在这次之后，匈奴不再与汉和亲，时常进扰边塞。到元朔元年（前一二八年）汉始遣卫青李广等四将进攻匈奴，略有克获。自后凡九次出兵匈奴。在元朔二年卫青出兵俘虏数千，牛羊百余万，收复了河南地，设置朔方郡。在元狩二年霍去病深入匈奴右地两次克获甚多。此秋匈奴浑邪王杀休屠王，以四万多人降汉，汉将他们的人分置五属国，收回匈奴右地设置武威和酒泉郡。元狩四年卫青及霍去病分道深入匈奴，卫青深入匈奴东部达到王庭，霍去病深入匈奴西部，封狼居胥山，从此匈奴北去，不敢再近边界。

匈奴在高帝时称为控弦三十万，全体人民应当在一百五十万以上，但在武帝时候经过屡次的消耗战，损失总在十五万人以上，牛羊的损失更大，不能再行补救。从此以后匈奴和西羌的连络断绝，对于西域也声威大减。汉廷便乘此机会，经营新收复的地方，移民开渠，屯兵筑塞，留下汉族在西北永久的根基。

从元狩五年至太初三年，凡十七年（前一一八至一〇二年），此期匈奴既深受创伤，不敢再来侵寇。武帝也因为马少不再北征。在元鼎六年的时候（前一一一年）讨平南越。南越本是秦的郡县，秦亡，秦南海郡尉赵佗据有其地自立为王，汉时虽然内附，但只有一个羁縻的关系。

元鼎五年南越相吕嘉反，汉发兵去讨，至元鼎六年汉完全克服南越，设交阯、南海、苍梧、郁林、合浦、珠崖、儋耳、九真、日南等九郡，回师平东越。元封二年（前一〇九年）伐朝鲜，次年平定朝鲜，置乐浪、临屯、玄菟、真蕃四郡。在元封二年并灭滇，置益州郡。

西域一带自张骞于建元三年奉使，元朔三年回国，在卫青出师之际，因为知水草处，封博望侯。及霍去病平匈奴右地，西域才畅通，但不甚驯服。在太初元年使李广利伐大宛，求善马，太初三年克大宛，自后西域也畏惧汉人的兵力了。

在武帝时代，汉的领土比以前增加一倍，因此他所用的费用也比较从前大得许多。汉朝赋税本来很轻，在武帝以前只有五项。一是田租，自景帝以后，定为三十税一。二是算赋，每人从十五岁至五十六岁，每年纳百二十钱。三是口赋，每人从三岁至十四岁，每年纳二十钱。四是献赋。王国和侯国收到的算赋，在百二十钱中献六十三钱于天子。五是市租，专为工商人而设的。其中只有口赋在武帝时增加了三钱，其余都未增加。武帝时增加了两种新税：一是舟车税，民有乘坐的轺车每年纳一算（百二十钱），商人加倍，船五丈以上一算。二是工商的货物税，商家的货品抽价值百分之六（缗钱二千而一算），工业的出品减半，这叫做算缗。商人货物的价值，听纳税的自己报告，报告不实在或匿避不报的罚戍边一年，财产充公，告发的给予没收财产的一半，这叫做告缗。

此外武帝还特设武功爵，买至第五级可以补官，入财的可以为郎，入奴婢的免役。然而最要紧的还是新的货币政策，和新的专利政策。

在秦的时候，统一天下的货币，作成半两钱。到楚汉之际，官家不再铸钱，旧的钱也销毁了。所以在高帝之时，听民自由铸钱以增加钱数。于是小钱通行，物价腾贵。惠帝时候虽然禁私铸，但小钱并未停止。文帝五年才正式铸四铢钱（当半两的三分之一），钱文仍为半两。听民私铸，后来吴王和邓通（文帝的幸臣）钱满天下，景帝再禁私铸。武帝即位初行三铢钱，后来因为钱太轻，容易私家伪造，于是再铸五铢钱，将铸钱的机关集中在京城的上林苑，大规模的制造，因为工料比较好，小规模的私铸无利可图，于是钱币便可完全由中央控制了。此外还有白鹿皮方尺，为皮币，当四十万钱，银锡的合金铸为龙、马、龟三种币，都不大通行，只有皮币限于王侯朝觐以此作为礼物，可以收一部分的兑价。

关于专利事业，其一为国营专卖事业，包括盐、铁和酒（榷酤）。盐的专卖办法是盐官供给煮盐的器具给盐商使用，抽很重的税，同时严禁民间私造煮盐的器具。铁的专卖办法是由政府在各地设铁官，主办铁的采冶和铸造。酒的专卖办法，是由政府设厂出售。

其他为国营贸易事业，行于各地方的是，以前郡国要给天子贡献土产，现在便将这些贡品不要直运京师，作为货本，运到行市最高的地方卖了，这叫做"均输"；行于京师的是，在长安设局经营网罗天下的货物，贱即买，贵即卖，这叫做"平准"。在这几种办法之下，当然国家可以收到更多的收入。

均输和平准西汉一代未改；榷酤罢于昭帝六年。这年郡国所举的贤良文学，和御史大夫桑弘羊争论武帝时的经济政策，后来有人记录下来，便是现存的《盐铁论》。

武帝的经济政策，诚然引起许多民怨，然而对外的财政需要，总算解决了。武帝当时最重用的是御史大夫张阳。而称为聚敛之臣便是桑弘羊、孔仅的一流人。用恐怖政策来推行的，便是赵禹、杜周、王温舒的一流人。这当然和儒家的主张不合，然而武帝为的要对匈奴取得胜利，所以一切不顾了。

武帝最后的十五年（太初四年到后元二年，前一〇一至前八七年），这一期中对匈奴是失利的，遣派李陵和李广利两次出师，都败降匈奴。然而匈奴也国力大损，不能再为中国患，到宣帝的时候便投降中国了。武帝对于神仙是信仰的，求神仙，迎方士，对各民族的神祠也尽量的接受。为求神仙起见曾经用了不少的金钱招揽方士，筑造宫殿，修建初庙，并且率领群臣封泰山，禅梁父，这种无所决择的鬼神崇拜，便演成了征和元年的"巫蛊之狱"。此时武帝身体不适，有人说是有人埋蛊暗害。命一个巧佞的人名叫江充的来治，他率领胡巫到处捕掘，民死数万，最后在太子宫中掘，据说掘出木人，太子便只好杀死江充，领兵造反。此时武帝在甘泉，太子和丞相战城中三日，太子败，皇后自杀，太子后亦自杀，许多家都连累了。李广利便是因为听见家族下狱，才投降了匈奴的。

　　经过这一次的刺激，武帝一切都心灰意冷了。后来有一个老者讼太子冤，武帝便将他任为丞相，封富民侯，与民休息。在征和四年，有人请求在西域轮台（今新疆轮台附近，又唐代轮台在今孚远附近，与此不同）添设一个屯田区，武帝不愿多事，下了一个诏书，大意说：

从前官吏们要加民赋，每年三十钱，作为边用，这是让老弱的百姓再困苦，是不可以的。现在又请屯田轮台了，不久以前贰师将军（李广利）败，军士死伤离散，朕心中常常悲痛。现在又要远屯到轮台，要起城池和碉堡，是扰劳天下，不是爱惜百姓，朕不愿再听见了。当今务在禁止苛刻和暴虐，禁止擅自向百姓加赋，使百姓努力农事。只加强养马免税的法律，来补缺马，使不缺乏武备算了。

这就是著名的"轮台之诏"。从此以后，便不再出兵，将方士们也遣散了。专务农事，与民休息。然而武帝已经完成了开拓的任务。在后元二年的春天，这个即位五十四年、寿七十岁的老皇帝便病逝了。

第五章　昭宣之治

　　汉代昭帝和宣帝两代，可以说是中国有历史以来内政最成功的时期。这时候所凭借的有两个很好的遗产，便是秦代以来的政治组织，和汉武帝传下的广阔的土地。再加上英明而有朝气的君主，用上累世承平所培养的人才，自然要古今鲜匹了。在这时候，对外有未经挫折过的武功，对内有成群著名的良吏，并且物价也降到从秦汉以来到明清为止的最低点。（自然，物价是否应当低降，是一个繁复的问题，但此一时期的物价低落，确可代表承平的气象。）

　　这一个中国有史以来的标准治世，固然是国家元气累世积蓄，"盘龙结穴"的达到了一个最高点，但也有相当人为的力量，而和这一个时代最有关系的人，便是霍光。

霍光是河东郡平阳人，骠骑将军霍去病的异母弟。父霍仲孺曾为平阳县吏。霍去病既贵，到河东为仲孺大买田宅，将霍光携至长安，时年十余岁。奉侍武帝左右二十余年，小心谨慎，未尝有过。征和二年，卫太子被江充所谮，失败自杀。武帝其余的四个儿子，都骄纵多过失，只有最小的一个儿子弗陵比较聪敏，在武帝临终的时候，便选拔霍光为大司马大将军，前匈奴休屠王的太子金日磾为车骑将军，共受遗诏，立少主辅政。

昭帝在位共十三年（前八六至前七四年），对于霍光深任不疑。昭帝立时方八岁，立七年，昭帝十四岁，鄂邑长公主、燕王旦和上官桀谋反，上官桀诈为燕王上书，告霍光罪，昭帝明辨这个书是假造的，左右侍从都惊诧了。在昭帝的时候，天下太平，人民安乐。在武帝时开辟的河西四郡地方，到这时已经增殖完美，并且将邻近河西的金城也置郡了，金城便是现在的兰州。匈奴在武帝的时候，虽能围困了李陵和李广利，将他们先后招降了，但他的国力却被汉兵销耗净尽，不能再向中国侵略。昭帝始元二年，匈奴单于使犁汗王窥边，据报告说酒泉和张掖的兵很弱，出兵试击，可以再收复这个地方。这时汉朝已经得到匈奴出兵的报告，先期准备。匈奴右贤王和犁汗王四千骑分三队入张掖，张掖太守和张掖属国都尉发兵大破匈奴，犁汗王战死。后来又试入沿边，因为汉朝烽火精明，不能再获胜利，从此不敢再寇边了。始元六年，匈奴放还汉使苏武，求和亲。元凤三年度辽将军范明友又大破乌桓，匈奴更为恐惧。

鄯善是西域最近中国的一个国家，国都扞泥城，是在现在罗布泊下游的废墟。另有一大城名为伊循城的，在今新疆的婼羌县。鄯善虽然降汉，但几次做匈奴的反间。元凤四年霍光命平乐监傅介子往刺他们的国王。傅介子到，多带金银和绸缎，鄯善王来谒，介子即刺杀他，告谕他们国人说："王负汉，罪大，天子命我来诛王，更立现时在汉的王弟尉屠耆，汉兵将至，不要动，动便灭国了。"由此立王弟为王，设鄯善都尉，屯戍汉兵。

元平元年昭帝崩。霍光迎武帝孙昌邑王贺为皇帝。既即位，好行淫乱，不亲政务。霍光忧愤以告大司农田延年，田延年说殷代伊尹废太子甲，后世称作忠臣，皇帝不好，可以废的。于是召丞相、御史大夫、将军、列侯、中二千石、大夫、博士会议未央宫。霍光说："昌邑王昏乱，恐危汉家社稷，应当怎样？"群臣惊恐变色，不敢发言。田延年离席按剑说："先帝托孤将军，因为将军可以安刘氏。现在天下鼎沸，社稷就要倾毁了。今日的议，不能稍缓，群臣后应的，臣请按剑斩之。"于是议者都说"惟大将军命"，于是入朝太后（昭帝皇后），以太后诏废昌邑王。这时武帝诸子，因前俱骄纵，不在议中，近亲只有卫太子的孙子名为病已的，武帝时有诏掖庭（内庭）养视，至此年十八了，师受《论语》《尚书》《孝经》，慈仁节俭，可以为嗣，霍光便上奏太后立病已，改名询，是为宣帝。

宣帝在位共二十五年（前七三至前四九年）。本始二年匈奴伐乌孙。乌孙的汉公主请兵求援，愿发兵五万人击匈奴。汉发兵二十万，五道出兵，另遣校尉常惠监乌孙兵。匈奴闻汉兵大出，倾国远逃，乌孙兵从后截取，获三万九千人，马、牛、羊、驴、骡和骆驼七十多万头，匈奴更弱。这一年冬天匈奴再攻乌孙，天大雪，一天深一丈多。人民畜产冻死了十分之九，属国都瓦解，由此匈奴便不能不和亲了。

地节二年，宣帝即位第六年，霍光薨，宣帝亲政，以张安世为车骑将军，领尚书事。至地节四年，霍光子霍禹及霍去病子霍山谋反，宣帝将他们诛杀。原先，在本始三年，霍光夫人毒死宣帝的皇后许氏，许氏和宣帝本是共过患难的，所以宣帝非常痛悼。但他却不明白是毒死的，于是立霍光女为后。及霍光死，从前旧案被发现，于是也废霍后。许后生前只有一子名奭，仁柔没有能力，宣帝的另一子淮阳王却颇有见识，宣帝原欲立他，后来因为不忍负心许氏，只好立许后的儿子，后来便是元帝。元帝即位后，虽然恭俭爱民，但优柔寡断，汉家的大业便衰败了。

宣帝一代的政绩，达到了汉朝一代的最高峰。他的特长是知人善任。在宣帝一代，真是人才济济。当时的宰相有丙吉、魏相、韦贤、黄霸、于定国、杜延年、陈万年；重臣有张安世；大将有赵充国、辛庆忌、常惠、郑吉；九卿三辅京师官吏有萧望之、韦玄成、冯奉世、梁丘贺、赵广汉、尹翁归、张敞、韩延寿、耿寿昌；太守有王成、黄霸、朱邑、龚遂，其余贤者更不计其数，诚所谓彬彬称治了。宣帝"信赏必罚，综核名实"，政事、文学、法理之士，都能做到励精为治，至于工匠技巧，元成以后都不能及上。真所谓"吏称其职，民安其业"的。

魏相和丙吉的相业，可以说自萧何以后，旷世莫及。在汉代初年萧何以一手定一代制度，曹参以后不能有所更定，武帝躬亲政治，施行轻重，所失甚多，并且宰相多不得善终，以后竟无人敢做。所以武帝以天纵大略，席先代余荫，虽然政有成效，但是并不足为训。只有宣帝专任宰相以国政，而自己综其大纲，官无失人，人无废事，达到圆满的境界。

地方官著名的，已见以前举出的，现在再举数例。赵广汉为太守，精于吏职，和颜接士，推功于下。尤善作钩距来侦察事情，譬如欲知马，先问狗，已问羊，又问牛，然后到马，一经比较，马的贵贱便出来了。郡中盗贼豪侠，其根株和窟穴所在，和吏的违法事，铢两都知道。长安少年数人谋共劫人，坐语尚未完，广汉便率领吏卒来捕了。捕到手，供出绑架富人苏回的"票"（汉人称为劫质），立刻到盗窟所在晓谕他们，他们听见赵广汉的名，便立即服从了。张敞长于文学，治迹略仿赵广汉，但能表贤显善，不用诛罚。至于尹翁归、韩延寿也能化行禁止，盗贼灭息，因此人民得着安泰和公平。

宣帝时著名的大将是赵充国。羌人本是青海至西藏一带的游牧民族，分为许多部落，这些部落是不合作的，到宣帝元康三年时彼此联合起来，又和匈奴商量好了，一等到秋高马肥，便总集向中国内犯。宣帝见情势紧急，便遣充国前去，充国便说："百闻不如一见，我愿到金城，先去视察再说。"充国自到金城，发兵乘半夜渡河，到了天明已渡万余人，坚筑堡垒，不动声色，羌兵不敢犯。稍迟以后，充国知羌人自己携贰，便宣布羌人能斩大豪一人来降赏四十万钱，中豪十五万，下豪二万，并给他各豪财物，因此羌人自相残杀，多降充国，于是更击先零羌，大破了他们。便在边塞上实行屯田，为持久计，分给步兵一万多人去种。屯田一年以后到神爵二年，羌事便完全平定了。设金城属国以处降羌。

匈奴到五凤元年，五单于争立，帝遣使吊灾。最后呼韩邪单于得到胜利，平定诸部，再归到单于庭。至五凤四年（前五四年）匈奴呼韩邪称臣，遣弟入侍，到甘露三年（前五一年）正月呼韩邪单于入朝长安，二月遣还。从是中国和匈奴的名分完全规定。西域自乌孙以至葱岭以西都尊中国为上国。在呼韩邪来朝之时，画功臣十一人于麒麟阁，匈奴无不瞻仰，这不但是宣帝一代功绩的顶点，也要算汉代隆盛的顶点了。

第六章　王莽的兴起及其覆亡

　　王莽的兴起，是一个必然的事和一个偶然的事交会的结果。必然的事是汉代衰败了，在一般知识分子之中，觉得要改制和易代，王莽的新朝，便从这一个观念下产生。偶然的事是外戚王家在这时候利用机会，代汉而起。

　　武帝和宣帝两代，达到专制政体成功的极峰。尤其宣帝时代的成功，可谓尽古今郅治的大成。然而宣帝时代，前半截有"公忠体国"的霍光打下好的基础。后半截有宣帝的"知人善任"，使得著名的丞相丙吉和魏相率领群臣，俱称吏职。这种靠一个人来关系天下的安宁或危乱的办法，自然是一个靠不住的事，所以宣帝死了，这个局面也换了。

　　元帝是一个平凡的人，不像宣帝的天才，在宣帝乾纲独断局面之下，元帝不能为继。元帝即位，任用外戚史高，而萧望之、周堪却是旧时的师傅。同时弘恭和石显，又是元帝信任的宦官。结果史高和石显勾结，把萧望之排挤掉了。因此国内的政治大权，到了石显的手中。成帝即位以后，虽然流放石显，但宫庭里边，成帝宠信着奢而妒的赵氏姊妹，在宫庭之外专任着舅家王氏弟兄，以至郡太守和王国的国相这一类的地方官，都是出在王家弟兄的门下。成帝无子，以侄哀帝继承，用的是祖母的外家傅氏和外家丁氏，宠爱着嬖人董贤。虽然想取法武帝和宣帝，但在这个局面之下，当然学不像了。

自从秦汉以来，"五德终始"的理论，早已深入人心。这种理论，便是每一朝的帝王都应着金、木、水、火、土五行中的一种德行。五行是循环的，所以朝代也是循环的。早已明示没有一个朝代可以永久。在昭帝时候，已经有一个儒生眭孟因天变上书，有一段说道：

> 先师董仲舒说过，虽然有能够承继并且能够守文的君主，也不妨害圣人的受上帝的天命。汉家的祖先是尧，有传国的命运。汉帝应当……征求贤人，禅让给他帝位，自己退封百里，如同殷王和周王的后人。

这种理想的荒谬的话，虽使上书的人因而被杀，但二十年后又有一个盖宽饶，又上书说同类的话，也因之送死。成帝时大臣谷永又因天变上书，说：

> 白气起到东方，这是贱人应当兴起的征兆；黄尘塞到京师，这是王道将要废灭的征兆。

稍后，在成帝时，方士甘忠可说："汉家逢着天地的大终，应当再向天受命。"并且贡献他受命于天的法术，虽然他因为"假借鬼神，欺上惑众"下狱而死，但他的弟子夏贺良又向哀帝献策，哀帝并且一度信了夏的话，改建平元年（公元前二年）为"太初元将"元年，自称"陈圣刘太平皇帝"。哀帝正在这时大病不止，在毫无效验之下，哀帝甚至表示要禅位给不伦不类的嬖人董贤！可见这类复合的观念是一步一步的加深，从儒生推到天子了。禅让的观念，如此的一天深似一天，王朝的政治，如此的一天坏似一天，自然给予哀帝死后当政的王莽一个最好的机会。

王莽的王家的兴起，本是一个偶然的事。当元帝做太子时，他的妃子死了，太子悲痛到极点，长日精神恍惚。宣帝叫皇后觅些女子，可以调解他的，皇后选了五人，并嘱近身的宦官，探听太子的意思。太子本来没将他们放在眼里，勉强答道，中有一人可以，并没有说是谁。那个宦官因为五人中有一人穿着宽边的长衣，并且挨近太子，便认为是她，照禀皇后，皇后将她送到太子宫里。她叫王政君，是魏郡元城人（大名府元城），到太子宫里后，她最先生皇孙，这就是后来的成帝，王政君因此成了正式的太子妃。

元帝即位，太子妃成为皇后，皇孙成了太子。元帝晚年皇后失宠，太子又喜欢宴乐，元帝虽然有意废太子，但终于被他的迟疑不决的性情耽误下去了。成帝即位，元帝的王皇后成为太后，王家从此专政起来。在王家的子弟都是骄奢淫逸，只有王莽谦恭俭朴，博学多通，交结贤俊，穿着和儒生一样，因此得着他们伯叔们的赏识，并且得着一般儒士的爱戴。到成帝绥和元年（公元前八年），已经以三十八岁的年岁，做到大司马了。次年哀帝即位，王氏虽然都罢免了，但元帝皇后又是一个长寿的妇人，哀帝死后，元帝的王皇后尚在，因此王莽又乘此千载的良机执政了。

当王莽罢政的时候，被遣归到王莽的新都侯国（在今河南）。吏民上书为他请求的有一百多次，后来应举到朝廷的十子也都称颂他。哀帝再召他回京，陪侍太后，他回京一年多，哀帝死了。这时傅、丁两个太后也死去，大权又落到七十二岁的王皇后手里，于是哀帝死后不到几天，因为全朝几乎一致的推举，和太皇太后的诏令，王莽又重为大司马。这时便由他的手选元帝的孙子，九岁的中山王做天子，这就是汉平帝。

次年，王莽进号太傅安汉公，位在汉诸亲王以上（汉代称为诸侯王的），并且太皇太后下诏说："自今以后，只有封爵才上呈太皇太后，一切的事都由安汉公处分了。"这时平帝虽然名为天子，连自己的母亲也不得见面！王莽并且以他的女儿做平帝皇后，然而平帝却在即位以后的第五年（元始五年，纪元五年[1]），不明不白死了，据说便是王莽毒死的。

不错，在这短短的五年，他也行了不少的善政。他封从先功臣和宗室的后代一共二百人，有许多是应当封而没有封的，这时补封了。他令官吏自"二千石"以上的（太守以上）终身食原俸的三分之一[2]。有一个荒年，他献田

---

① 编者按：汉平帝于元寿二年六月（公元前一年八月）即位，死于第六年，即元始五年十二月（公元六年二月）。

② 编者按：《汉书·平帝纪》云："天下吏比二千石以上年老致仕者，参分故禄，以一与之，终其身。"汉制，都尉秩比二千石。

三十顷，钱百万，给予贫民，同僚仿行的二百三十人。他在长安城中为贫民起了五条街，房屋二百所。他在郡、县、乡、聚，都设了公立学校，称为学、校、庠和序。他扩充京师的太学，增加五经博上人数，每经从一人扩充到五人。五经以外又添上《乐经》。太学学生的人数也加到一万多人，又给太学建筑宏大的校舍，其中学生的宿舍便有一万多间。他又征求全国知道逸经、古记、天文、历算、乐律、文字训诂、医药、方技，以及五经、《论语》、《孝经》、《尔雅》①的人，由地方官以优礼遣送到京，前后应征的有几千人，都令在殿庭记述所学。这些事情都是汉代以前的君相未做到的，然而王莽这样做了。

王莽是一个高个子的人，红紫色的面庞，大而嘶的声音，头顶的上面已经秃了。他的仪容举动，是引人钦敬的。但他是一个机巧的人，他做事可以反面无情，甚至自己的儿女，也不曾原谅，然而他却做事很周密，在他的前半辈子，没有人怀疑到他的诚意。他是一个儒生，他相信儒家。他也和一般汉代儒生一样，相信阴阳五行和符瑞，所以他也相信阴阳和禁忌调整好可以达到天下太平的境

---

① 　编者按：据《汉书·平帝纪》，尚有通《史篇》者亦在征召之列。

地。他虽相信儒家的学说，他很有理智且很能自制，但他绝不是一个忠实的殉道者，他也有一肚子的私利，他满望着把持权位，传之子孙。所以在道义和权力的冲突与矛盾之中，他只有以自己的利益为主要的标准，而在外面尽量加上儒家修齐治平的装饰。虽然，一部分是不需要的，因此便越来越不实际了。他前半截成功在这一点，他后来失败也在这一点。

平帝死后，王莽便来了一套"摄政"的把戏。他经过问卜和看相后，选了一个两岁的宗室名曰子婴的（和秦王子婴同名），做平帝的后嗣。他因为据说武功县长掘井，得白石，上有丹漆的文字，"告安汉公莽为皇帝"，因此受同僚的推戴，和太皇太后的诏令，实行"居摄"。他令臣民称他为"摄皇帝"，祭祀及朝见太后时，称"假皇帝"，"假"是暂代的意思。

在居摄的头两年间，有人讨伐王莽，都失败了；第三年（公元八年）王莽便以居摄三年改初始元年，不再称居摄了。但仍对太皇太后称"假皇帝"。次月，便授意一个蜀人哀章，拿了一个铜盒，送到汉高祖庙，装上两卷东西，一卷题为"天帝行玺金匮图"，一卷题为"赤帝行玺刘邦传予黄帝金策图"。王莽受了这个铜盒，便在这一年十二月朔癸酉，改为始建国元年正月朔。王莽便做了真天子了。

在他做了真天子以后，他除去改正朔，易服色，修宗庙，准备王姓子孙万年之业以外，他也想做点社会改革，便是井田和废除奴婢之事。社会改革的思想本来是儒家一贯的主张。在武帝时董仲舒上书已经主张限田，到哀帝时师丹和孔光辅政主张限民名田，也给豪贵反对而罢。然而在一般儒生的希望却是分土井田。王莽现在要坐致万世的太平，为什么不行先王最重要的井田呢？

因此在始建国元年，他便下诏说：

在古代的时候，设庐井八家，一夫一妇有田百亩，抽税十分之一。于是国家丰给，人民富裕，大家也都发出颂赞的声音了。秦作为无道……坏圣人之制，废井田，所以人们可以互相吞并旁人的土地，贪心也发生了。……又设奴婢的买卖，和牛马同栏。……今名天下田为王田，奴婢曰私属，皆不得买卖。其男口不满八人而田过一井（九百亩）的，分余田给九族、乡里、乡党。

这种理想非王莽一人的理想，而是儒家思想的结晶。然而就理想说，还不够澈底。因为以一家为单位的农场，不做成集体式的农场，其结果必归私有，这就是造成分配不均的原因。况且一家可以有到一井，仍然保存着贫富的界线。此外对于奴婢只是不许买卖而已，并没有得着解放，这都是不澈底的。但是即这一点改革也遇见了不少的阻碍。最后，"坐卖买田宅奴婢……自诸侯卿大夫至于庶民，抵罪者不可胜数。"到了始建国四年，有一位中郎将区博上言：

> 井田虽然是圣王之法制，但是早已经废止了。……现在违反民心，追复千载以上已经绝灭的痕迹。虽然尧和舜复生，没有以百年计算的准备，不能再行了，现在天下初定，万民新附，真未可施行。

因此，王莽下诏说：

> 诸所有记名在王田收获的，对于王田皆得卖去，不再拘着法律。犯私卖人口的，且一切不治。

换一句话，对于井田和奴婢两件事，法律不再有效了，这等于取消从前的法律。

除了关于土地和奴婢的法令外，王莽关于经济上的改革有六件事：

（一）国营专利事业。武帝时国家已实行盐、铁和酒的专卖，其后昭帝时废了酒的专卖。王莽除恢复酒的专卖，更推广国家独占的范围及于铜冶和名山大泽的开发。

（二）国营放款事业。人民因需用时，可以向政府借款，其祭祀和丧事借款，不取利息。祭祀十日，丧事三月归还。人民经营生业，向政府借款，每年纳息照纯利的十分之一。

（三）国营平价事业。凡五谷布帛丝绵等日用之物遇滞销时，由政府照本收买。政府在各地算出这些货物每季的平均价格，若市价超过平均价时，按该地方平均价出卖。政府并运输到货物平均价格较高的地方出卖。

（四）凡荒弃土地，不耕的田和城郭中的空地皆有税。

（五）凡无业的人，每丁每年须缴纳布帛一匹，不缴纳的由国家供给衣食，强迫劳役。

（六）所得税的创始。对一切工商业（包括渔、猎、畜牧、巫、医、旅店，以至妇女的养蚕、纺织和缝补）取纯利十分之一，叫做"贡"。政府收入的"贡"，即作为放款给人民的本钱。但和现代所得税是不同的，因为没有累进的差别，和免征的界限。

以上的制度，除铜冶的专利始建国五年废去外，山泽的专利在地皇三年废去，其余大约收得一部分的成功。例如第三项的平价事业叫做五均司市的，到东汉初年还有存在的痕迹。

然而王莽虽有善法，自己却不能善其后。第一，王莽以虚伪起家，结果处处不信人，也不能令人相信，在其中发生出若干不幸的变故，对于自己儿子也残害起来，许多功臣也不免叛变起来。第二，王莽太好翻新花样了。官制方面，改大司徒为羲和，后改纳言，大理为作士，太常为秩宗，大鸿胪为典乐，少府为共工，水衡都尉为予虞，郡太守为大尹或连率，都尉为大尉，县令县长为宰等，名号尽变，不能全记。在地方制度方面，许多郡和县都改动了汉代之原名。并且依《周官》和《王制》之说仿置卒正、连率、大尹、属令、属长、州牧等名称①，分长安城旁为"六乡"，三辅众县为"六尉"，河内、弘农、河东、

_____

① 编者按：《汉书·王莽传》云："莽以《周官》《王制》之文，置卒正、连率、大尹，职如太守；属令、属长，职如都尉。"

河南、颍川、南阳一带为"六队"。又仿古制分成"六服"，每服定一千八百诸侯，总会万国，因此官吏和人民往往为新的名字所迷惘。

这已经够扰民了，他最大失败的原因还在币制和军事方面。

自汉武帝元狩五年官家初铸五铢钱，至平帝元始中，成钱二百八十余万万[①]：时人都感觉着无如何的不便。王莽居摄，以周钱有子母相权之制，于是更造大钱，重十二铢，文曰大泉五十，又造契刀直五百，错刀直五千，与五铢钱共为四品。王莽即位以后，更作金、银、龟、贝、钱、布六种货币，其中金货一种，银货二种，龟货四种，贝货五种，钱货六种，布货十种，共计二十八种。在这二十八种之中，可以看出的有几个特点。第一，在这二十八种之中，实际只有等于五铢钱的是主币，其余仍然是辅币，而辅币的比价，又都是大于主币的，只有紊乱金融的影响，毫无好处。第二，龟、贝等物本不适于作货币的，王莽来作货币，是向原始时代去开倒车。所以结果百姓仍用从前的五铢钱，不肯用新制，虽然严刑峻法，亦无

---

① 编者按：《汉书·食货志》作"成钱二百八十亿万余"。

甚效果。换了好几次，到了天凤元年（纪元十四年）才改铸与五铢相等的钱名曰货泉的，货币才能安定。然而可惜恢复太晚，时势已经渐渐的严重了。

王莽要实行周制，从前受汉朝册封的匈奴单于改玺为章，四夷的君长也改王为侯。为着此事，匈奴和句町（在广西西部及越南北部），先后背叛，王莽遣十二将领兵三十万，十道并出，来伐匈奴。因为兵士和军用征发的骚扰，内郡人民已经不少做了盗贼。又因出征兵士屯在北边，粮食不继，兵士困苦，便无法维持纪律，五原代郡一带受祸最甚，边郡人民也做了盗贼。几千人为一伙，转入旁郡。盗贼虽然平定了，北边郡县也空虚了。同时因为伐匈奴征调高句骊的兵，高句骊也反叛了。征句町的大军又因为气候不适宜，十分的六七死于瘟疫。益州（四川）也因此空虚。

汉家铁打的江山，王莽轻轻的接收过来，本来没甚问题。但他自己故为烦扰，"励精图乱"，多出许多事端。到了天凤四年至地皇三年（公元十七年至二十二年），不幸国内连年发生大规模的天灾，始而枯旱，继而飞蝗，最重的地方是青、徐、荆三州（今山东及江苏北部，又河南南部及湖北），到处饥民暴动，又函谷关以东的饥民流到关中逃荒的便有几十万人！

暴动的饥民，起初只是游荡抢夺着，为的求食，常盼年岁转好，得归故乡。他们无文告旗帜，他们没有魁帅和名称。他们俘获官吏也不敢杀害。不幸官吏剿抚乖方，他们渐渐团结起来，和社会本来不饥的野心分子以及枭悍分子结合，遂成了许多大股的叛乱势力。起原于青徐二州的成为赤眉贼，起原于荆州的成为绿林贼，绿林贼又分为下江兵和新市兵。

饥民不断的暴动着，越卷范围越大。到了地皇二年（公元二十一年），派太师羲仲景尚、更始将军护军王党击青州和徐州，同时又再击句町，并转天下的谷帛到北边诸郡，每郡以百万来数，准备击匈奴。王莽不相信人，因为从前东郡太守翟义讨王莽，所以此时不许各郡自己发兵击贼。同时王莽又是一个护短的人，不许人批评他的过失。

这时曾以剿贼立功、领青徐二州牧事田况向王莽上书，大致是：

（一）贼起以后不督责郡县平定，只派大员办理，郡县只重办军差，郡县不得休息，道上空竭，盗贼更多了。

（二）现在不应多派大员，应当责成郡县，明赏罚，坚壁清野，贼必困，招之必降，击之必灭。

王莽不用田况建议，反将他免职。次年二月，景尚战死，四月再派太师王匡、更始将军廉丹带领大军十余万东出。廉丹又战死，全国震动。

地皇四年（纪元二十三年）三月南阳诸军立宗室刘玄为皇帝。五月王莽又发兵四十余万，会于洛阳。这支兵又在昆阳为南阳宗室刘秀所败。因此到处都响应了"革命"的兵。到了十月各路的兵攻入长安，城中市民也暴动起来。当政二十三年、即天子位十一年的王莽终于在未央宫渐台被杀了①。

---

① 编者按：公元八年王莽即真天子位，立国号"新"，公元二十三年败亡，计十六年。

第七章　东汉的中兴及明章时代的发展

　　王莽末年起兵的，最先是青徐二州的赤眉，其次是南阳附近的新市平林兵。新市平林兵中有一别支，便是春陵兵。新市平林兵因为接近长安，所以先攻入长安。在未入长安之前，新市兵和平林兵立汉朝支裔刘玄为天子，改元更始。

　　刘玄为人实无甚才能，当时最有本领的是春陵兵的领袖刘縯，他和刘玄是远房的堂兄弟。刘縯的名字在王莽时候，已经是最为王莽注意的了。但因为各支兵都不愿居人下，刘縯的纪律严整，尤其为其他各支所畏，因此便决定立一个庸碌无能的刘玄，好做他们的傀儡。刘玄即位之时，对群臣羞愧流汗，举手不能言语，拜刘縯为大司徒（即丞相）。这时正是王莽派司空王寻、司徒王邑领兵四十万攻昆阳之时。刘秀领兵来救昆阳，自率敢死队三千人冲官军的中坚，王寻在这时阵亡了。这时正大风大雨突然袭来，城外城内互相接应，夹击官军。官军纷纷的逃散了，王邑只领残余卒数千人回到洛阳。这四十万军的瓦解，也差不多是不战而溃，人心的瓦解代表着王莽新朝的瓦解。

王莽的四十万大军脆弱得不堪一击，刘秀当时也没预料到的。命运的指使，刘秀改变平日怯弱的作风，冒死一拼，结果大成功了。所有王莽四十万人的军械辎重都入了刘秀手中，刘縯和刘秀的实力大增了。更始的部将便找一个机会抓住刘縯把他杀了。刘秀统兵在外，闻讯即驰往宛城，向更始谢罪。沿途有人吊唁他，只自引咎，不交一句私语。更始于是拜他为破虏大将军，是年更始入驻洛阳，即派他"行大司马事"去安抚河北的州郡。这时，刘秀的实力已经完全交给更始，当他渡河时候，除了手持麾节以外，一点军队也没有。他只如同从前州牧一样，作一个中央的特使。但人心思汉，他又能善于处置，人心甚悦。

只是在这时候，卜者王郎在邯郸自立。刘秀冒了危险到了信都，信都太守任光开门出迎。于是王莽的和戎卒正（即巨鹿太守）邳彤，以及上谷太守耿况、渔阳太守彭宠，都以兵来会，才诛灭王郎。更始这时已入长安，乃遣侍御史持节立刘秀为萧王。

这时在长安的更始皇帝政治不修，诸将横暴不守法度。所授官爵皆群小没有知识的，不堪任职。而诸将又自置州牧太守，百姓不知所从，更思莽朝。这时刘秀自蓟（北平）至范阳（保定），于是群臣奏上尊号。刘秀便在鄗县（高邑县）即皇帝位，是为东汉光武帝。从此不再奉更始的命令了。

在这个时候，青徐的盗贼赤眉首领樊崇攻入长安，别立山东半岛所崇奉的城阳景王刘章的后人刘盆子为帝，更始被杀。光武便统军来攻赤眉，樊崇和刘盆子降了光武。这时河南、河北、关中已定，光武因为左右多函谷以东的人，于是舍长安而都洛阳。先后派遣盖延破睢阳的刘永，祭遵破渔阳的彭宠，马成破卢江的李宪，耿弇破临淄的张步，于是函谷以东都平定了。他又亲征破陇西的隗嚣，收复河西的窦融，又派岑彭、吴汉会兵攻灭在成都称帝的公孙述，诈称武帝曾孙的卢芳也只好逃入匈奴了。至此汉土复归一统，光武便以景帝后裔的资格，遥承西汉，成就了"中兴之业"。

光武虽然是皇族，但族属已经疏远了，和平民无异。

不过家境还相当过得去，所以他在年少的时候，曾经在长安的太学受《尚书》，并且略通大义。在《后汉书》曾经有几篇诏书，据后人考订出自他的手笔，文辞可观。当时他的功臣有许多也是受过西汉末年或王莽时的教育的，甚有修养。在他一个有儒术训练的人领导之下，再加上许多有儒术训练的功臣，无怪要政术彬彬，号称郅治了。他深知"一姓再兴"起源于"君臣旧义"，而王莽失败，最大的一个原因是彼此互疑，所以对于君臣的情感，总是诚恳的维持着。虽然他并非十分宽弘大量的人，但对功臣们的处置，确是历史上最成功的一个人。

他自平定公孙述之后，便厌兵不谈。他的著名二十八将自邓禹、贾复以次，都解除兵柄，以列侯就第，虽有任用，亦多属文职，他们终身保全，不遭诛谴。回想高帝时代，虽然也保全多数的功臣，比精神失常的明太祖好得多，但高帝对于功臣始则大都纵容，继则仍然将权力最大的几个加以诛戮，总算光武有办法得多了。他又兴建太学置五经博士，凡三公之官都用宿儒充任，不但学校大兴，结欢士民，并且提高全社会的文化，培植全社会的风俗，人文蔚起，至三国而不衰。他即位后常常在内廷召集公卿郎将等官，询察民瘼，观纳风俗。这样内外不懈，百姓自得宽息休养，当然会得到天下太平的效果了。

光武有些地方不够宽弘，例如他喜欢用南阳人，曾经受着当时的讥讽。然而他却有光明坦白的美德。当时新降的部下说："萧王推心置腹，安得不投死乎？"马援和公孙述是同乡，他到蜀见公孙述，公孙述大招待，礼数甚繁，马援便辞归，说："天下雄雌未定，公孙不吐哺走迎国士，与图成败，反修饰边幅，如偶人形。此子何足久稽天下士乎？"见了光武礼数甚简，开心见诚，无所隐伏，马援大为佩服。

光武有一次和功臣谯语，从容和他们说："你们倘若不遇见开国的际会，你们自己觉得禄位可以到多大？"高密侯邓禹先对说："臣少时曾读过书，可以到郡文学。"光武说："怎样这么的谦虚呢？你邓家的子弟，志气品行都修齐整洁，为什么不能作功曹掾呢？"其余的功臣以次对到马武，他说："我从来武勇，可以作太守和都尉，来督察盗贼。"帝笑着说："且不要作盗贼送到亭长那里去，那便好了。"马武嗜酒，阔达敢言，光武也纵所欲言，无所避忌。光武善于驾御功臣。对于他们的过失，颇能原宥。远方贡献珍物也都赏赐功臣，皇帝的太官并无多余的。

会稽人严光，字子陵，是光武的同学，从小便有高名。光武做了皇帝，他便隐身不出。光武想到他，指出他的像貌到处去找。后来齐国上言说有一个男子披羊裘在湖沼上钓鱼，类似着他。光武疑心是他，于是安车专使来聘请。到了洛阳以后对于富贵毫无所动，最后还是回到富春江畔的原籍去了。此外还有太原的周党，北海的逄萌，太原的王霸，也都隐逸不仕，光武加以礼征，终不强屈。至于王莽时托病告归的卓茂，备受荣宠；不仕公孙述的李业和谯玄，加以抚恤，对于后来的气节确有大影响。

然而光武的局面也有他不够恢宏之处。第一，他太崇节俭了，有许多在西汉必要的官吏，例如郡都尉，管理一郡武事的官，他也废弃了，都尉废去了，郡的常备兵也废去不练。因此在东汉一代郡太守和县令便对内不能平土匪，对外也不能防外寇（缘边各郡虽然有兵，但外寇一入内郡，便不能抵御了）。这件事到了东汉中期以后，倘若有乱事，必定等扩大以后，才派重臣来剿，三国初年的割据，实由此酿成。

第二，光武因为力图节省的原故，在建武六年省并全国的县四百多处。建武十年省定襄郡，徙其民于西河。建武二十年，省五原郡，徙其民于河东。后来定襄、五原虽然恢复了，但省并的四百多处县邑，仍未恢复，这些地方以北边一带为最多，所以东汉边务实不如西汉的完备。

尤其贻谋不善的，便是光武一代不信任三公。在西汉时代，国事掌在丞相府，纵然有权臣当政，国家大事仍旧要经过丞相。到光武时沿用西汉末年和王莽时的旧制，将国事分给司徒、司空、太尉三公分管。然而这三公也实际无权，国家的行政已经不出三公府而出于尚书省了。尚书省有一个尚书令，五个尚书。他们的性质是天子近臣，所以不能像丞相为国家重臣一样，可以和天子力争得失。本来在一个君主专制政体之下，国家是永无长治久安之可能。但光武在不任宰相制度之下，使得政治坏得更容易些。

明帝性情比较苛察，章帝性情比较宽厚，在明章二代三十年中，使得汉代的国力更为充实起来。中国对外的发展在光武时已有基础，光武建武十六年的时候，交阯女子徵侧叛变，到建武十九年（四三年）伏波将军马援斩徵侧，并且在居风（今安南清华附近）打了一个极大的胜仗，叛党全平，因此在日南郡的南境，约当现在伐勒拉角的地方（Cape Varella）的山上，立了两个铜柱，作为汉家的南界。

就在这时稍后的时期，匈奴连年大旱和蝗虫，赤地千里，乌桓乘这个机会来攻击匈奴。从此匈奴向北移去几千里，大漠以南的地方便空虚了。在西汉时代，呼韩邪单于约自己的儿子，依次序立做单于，所以到光武时的呼都而尸单于六代，总是弟兄相及。此时呼都而尸死了，子蒲奴立。当时乌珠留的儿子比，领南方八部，心不自安，在建武二十四年（四十八年）自立为呼韩邪单于，从此匈奴分为南北单于。南单于在建武二十六年归降，入居西河的美稷县（今绥远南境）。

至明帝即位，在五原置度辽将军营，断绝南北匈奴相通的道路。到明帝永平十六年（七十三年），以窦固、耿秉为将伐北匈奴，他们到了天山，取呼衍王地设置伊吾庐（今新疆哈密县）的屯田。

当王莽晚年，中国不靖，西域诸国只好服属于匈奴。至光武时想到汉朝的宽仁，不愿受匈奴的苛暴，请愿归汉，并求都护，光武不愿生事，不准其请。此时窦固便派假司马（代理的司马官）班超往使西域。先到鄯善（即楼兰，在今罗布泊西北岸的废城），鄯善王广待班超甚为恭顺，数日之后，忽然怠慢，班超知道有匈奴的使臣来到。他这时候手下只有三十六人，他就招待他们饮酒、酒兴正酣，便和他们说，你们和我都在绝域，现在匈奴使才到几天，他们待遇便不对了，万一他们把我们送给匈奴，那就坏了。如今之计不入虎穴，不得虎子，只有乘夜攻匈奴使者，如其成功，鄯善也就破胆了。于是乘天大风的夜往奔匈奴营，超令十人持鼓藏匈奴人舍后，约曰见火即鸣鼓大呼。其余二十余人都执兵器和弓弩，夹门伏着，超乃顺风放火，前后鼓噪，匈奴惊乱，共杀死一百三十多人。第二天召鄯善王，以匈奴使者头给他看，并告诉他窦固大破匈奴之事，对鄯善加以安抚。他便自愿归汉，以他的儿子为质。班超到于阗（今新疆和阗），于阗王降汉。又到疏勒废匈奴所立的王，改立亲汉的王。

在此时候耿秉和窦固又伐车师，定车师两部之地，请置西域都护和戊己校尉。到章帝初年，焉耆和龟兹的兵攻杀西域都护陈睦，北匈奴、车师的兵围戊己校尉耿恭和关宠。章帝救耿恭回朝。此时班超在疏勒，便召他回来，到了于阗，诸国的人纷纷抱着马脚，哭泣请留。因此发康居、于阗等国的兵，击破姑墨（今新疆拜城）。帝给兵千余人，拜班超为将兵长史，使绥集西域各国。因此他又发于阗等国的兵击降莎车和龟兹，此时为元和三年（八六年）。班超于是威震西域，和帝永元三年（九一年）以班超为西域都护。到和帝永元六年（九四年），从先攻没都护的焉耆、尉犁和危须三国也为班超所破，从此西域五十多国也都奉质子到长安，称臣纳贡。就是帕米尔之西数千里以外的国家，也重译来奉献了。

明帝时还有一个可以注意的事，便是佛教的输入。佛的始祖名瞿昙悉达（Siddhāttha Gautama Śākya），是天竺（印度）迦比罗国净饭王的太子，生当公元前五世纪。此时印度盛行的是婆罗门教，把人民分成四个贵贱不同的阶级，教规烦杂而不合理。他对于当时支配着人类生活的宗教感觉到不满。于是他便遍访名师，要想找一个对宇宙和人生适当解释的通理。总是找不到。他便独自到北面的雪山中苦行思索，积了好多年，才发现正当的解释。于是他便出来一意布道，后来称为释加牟尼佛。

他的教义是从觉悟来解释宇宙和人生的"究竟"，他的生命的观念是一切生物都平等，他贯澈他教义的原则便是慈悲。他传授了一千二百多弟子，尤其著名的是阿难和迦叶等十大弟子。他们有不少发愤忘食的思想家，和教人不倦的宣教者。因此佛教的势力便雄厚起来，到周秦之际（前三世纪）印度的孔雀王朝的阿育王（Asoka）便正式定佛教为国教，而中央亚细亚大部分都成了佛教的势力。

最可惜的是，佛教的教义本来是一个简洁的宗教，他对于神道不固执的观念，比较一神教归本于上帝，然而上帝还是一个谜的观念，的确还要进步。但是佛教不幸起原于印度，释迦的弟子一代一代的传下去，印度的婆罗门教中繁复的神祇终于掺入了简洁的佛教，同时印度气候和暖，生活容易，也使得佛教教义中退居的意义超过奋发的意义。因此佛教到各处的传播，还是靠着神道的崇拜和僧侣的生活，教义的研究还是次要的事。

佛教由印度而中央亚细亚康居和月氏，更由中央亚细亚传到天山南路，到汉明帝时中国已有佛教传入了。当时已经有楚王英画了佛像祷祀。明帝对于佛教的印象也不错，与楚王英诏曰："楚王诵黄老之微言，尚浮屠之仁祠，洁斋三月，与神为誓。……其还赎，以助伊蒲塞桑门之盛馔。"到明帝永平八年（纪元六五年）遣蔡愔等使西域求法。永平十年（六十七年）蔡愔等偕佛教僧迦叶摩腾和竺法兰返洛阳，带到中国的有《四十二章经》，明帝在洛阳建白马寺。这是中国有佛教经典和佛教寺院的开始。

第八章　外戚和宦官的消长及东汉西北的大事

中国从古以来便是君主专制政体，天下的官吏都是只对天子一人负责，因此一代的盛衰成败全以君主一个人为关键。汉朝的政治组织，严密完整，在历史上是少见的。然而最后的关键还是系于君主一人，所以虽然有几个兴盛时期，结果仍然免不了衰败的命运。

君主传了几世，一定都是些"生于深宫之中，长于妇人之手"的人。不论如何的聪慧，他对于外界情况总是隔膜的。而且，一个朝代的朝政维持下去，多半仰赖于一般元老大臣。当一个年轻的君主见到元老大臣，自然是一切都不自然；远不如对母家的亲戚和左右的侍臣可以尽情倾吐。所以年轻的君主更换得越多，则外戚和宦官的势力越大。倘若君主的即位年纪更小，需要母后摄政，那就因为母后对大臣商量不方便的关系，外戚和宦官的势力更易增长了。

东汉自和帝以后君主多是年幼即位，并且寿命都是短的。所以国家大政起先落到母后手中，结果国家大政为外戚和宦官控制。衍变的结果变成外戚和宦官对立的局面。不过外戚和外戚之间，彼此常有利害的冲突；宦官和宦官，彼此却可以成立一个利害相共的集团。外戚势力庞大的结果，直接可以危害到皇位的安全；宦官势力庞大的结果，只养成政治的贪污，虽然终于妨害帝国的生存，但当下并不至于直接显现出来。依照前一个理由，宦官是个比较永久的集团，所以外戚不是宦官的对手。依照后一个理由，君主根据本身的利益来考虑，还是宁可利用宦官，所以在东汉的晚期，最后是宦官的势力，得到了决定的胜利，使得东汉帝国走上灭亡的道路。

东汉各帝的皇后家中，光武郭后和阴后家，都无外戚之祸；郭后被废，但光武对待郭后恩礼如常。明帝即位对待母家阴氏，以及废后郭氏之家均有恩礼，但不烦以政事。明帝马皇后出自伏波将军马援家，常以西汉外戚覆亡的事为戒，故其家迄无祸败。东汉外戚之祸起于章帝时代。

章帝皇后窦氏无子，宋、杨两个贵人有子，窦后潜杀两贵人，废宋贵人生的太子庆为清河王，养杨贵人的太子肇为子。章帝崩，太子肇立，是为和帝。窦后临朝，用她的哥哥窦宪为大将军，专断朝政。和帝年长，与宦官郑众定谋，将窦宪杀了。这是君主和宦官联络，谋去外戚的第一步。后来封郑众为鄛乡侯，常与议事。不过和帝尚能委政大臣，休养生息，郑众尚无若何的劣迹。

在和帝生时，屡次生子都死亡了，就把皇子寄养在民间。和帝崩，皇后邓氏收回了一个生才百余日的皇子，立做皇帝，一年就死了，是为殇帝；继立清河王的儿子祜，是为安帝。邓太后临了十五年的朝，太后死后，安帝才亲政，放逐邓氏，用安帝皇后的哥哥阎显、耿贵人的哥哥耿宝、乳母王圣、宦官江京李闰之流。阎后无子，后宫李氏生子宝，立为太子，阎后潜杀李氏，废太子为济阴王。但邓太后死了四年之后，安帝也死了，阎皇后和阎显秘谋，迎立章帝的曾孙北乡侯懿为天子。

不久北乡侯死了，阎后密谋外征王子。宦官孙程甚为不平，因与宦官十九人共相结誓，迎立济阴王，是为顺帝，杀阎显，迁太后于别宫。孙程和郑众在宦官之中还未曾作恶。顺帝立后第七年立后梁氏，信用后父梁商。梁商在外戚之中也还算安分守己的。梁后立后十年，梁商死去，梁商的儿子梁冀接他的手，便大为专权骄纵起来。

梁冀和窦宪是同样专权的，只是窦宪尚是国家的虎将，曾经对外立功，并且对于朝政举措，也没有甚么失策。梁冀便不同了，他的出身是一个豪华的无赖子弟，他当政以后，只知道专权作威，陷害了忠臣李固，并不能作什么事迹。顺帝死后，太子冲帝一年而死，太后和梁冀迎立章帝的玄孙清河王缵，是为质帝。质帝年少聪敏，为梁冀所忌，把他毒死，又迎立蠡吾侯志，是为桓帝。这时大权全在梁冀手中，桓帝不平，但满朝都是梁冀的人，只好和宦官单超、具瑗、左悺、唐衡、徐璜五人合谋，将梁冀杀掉。从此以后桓帝不再相信外戚，只任宦官，汉家天下外戚专权的局面告终，宦官乱国的局面开始了。

西汉成帝时，外家王氏的谭、商、立、根、逢时同日封侯，人称为王氏五侯，立了后来王氏篡国的基础；到东汉桓帝时，宦官五人又同日封侯，也成了宦官当政不拔的基础。他们的兄弟亲戚布满全国，贪污秽浊，百姓因此起为盗贼，成了天下的乱源。

当时士大夫之间，专尚气节，评论时政，深恨宦官。陈蕃是士大夫的人望，做了太尉，他举李膺做省察京师的司隶校尉。宦官怕他，不敢常出宫门。适值南阳太守成瑨、太原太守刘瓆，在大赦后杀宦官犯罪的党羽。宦官便遣人上书告李膺和太学的学生共为朋党，诽谤朝廷。桓帝命令捕李膺等，牵连到杜密、陈实、范滂二百多人，使者四处捕人，陈蕃也因为谏争此事免官。后来幸亏贾彪游说桓帝后父窦武说解，同时李膺等的口供也牵连上有许多宦官的子弟，宦官也怕连累到他们，因此才和皇帝说话解劝，后来便赦免党人，禁锢他们不许做官。

桓帝死，无嗣，窦太后和窦武立章帝玄孙宏，是为灵帝，才十二岁。窦后临朝，窦武为大将军，陈蕃为太傅，征海内知名之士李膺、杜密等仍到朝廷。窦武谋诛宦官曹节、王甫等，和太后商量，太后方在犹豫，事为宦官所知，便劫太后及帝发诏捕窦武。窦武闻知，走入守卫京师的北军，下令讨宦官。同时曹节、王甫等矫诏令新入京师不知情实的护匈奴中郎将张奂率一部分北军讨窦武。两军对阵以后，因为北军五校久受宦官的指挥，并且宦官挟着天子和太后，兵士渐渐的降到宦官方面，窦武被围自杀，太后被迁到别宫。陈蕃、李膺、杜密、范滂都先后被杀。凡和宦官不合的都认为党人。被杀和流放的共六七百人。从此以后灵帝便永被宦官挟制和蒙蔽，凡二十二年成了宦官的天下了。

到灵帝死，何后临朝，后兄何进，以大将军辅政，奏诛宦官蹇硕，收其八校尉兵，此时朝权兵权均到了何进之手。不幸他与何后谋尽去宦官，未商量好，又为宦官张让、段珪所杀。是时军心大变，袁绍、袁术等乘乱尽诛宦官二千余人。但军心改变为何进、袁绍所不及料，在先已经召屯在外面的董卓了。宦官虽去，董卓又来，因此天下大乱，汉朝的江山也就亡掉了。

匈奴自西汉宣帝以后，呼韩邪单于称藩内附，边患始息。此后好几代不见烟火之警。人民炽盛，牛马满野。到王莽时贬匈奴单于玺为单于章，匈奴求故玺不得，因此冲突，往来犯塞，北边空虚。王莽既败，匈奴仍然和彭宠、卢芳连兵。光武虽欲和亲，但匈奴骄傲非常，竟无成就。在光武时代匈奴呼都而尸单于打破呼韩邪单于以后兄弟相及的旧章，杀了他的弟弟左贤王知牙斯，前单于的儿子名叫比的不自安。建武二十二年（纪元四六年），呼都而尸单于死，子蒲奴立。此时匈奴连年旱蝗，赤地千里，并且受了乌桓的攻击，不得不向北迁徙。到二十四年（公元四八年）八部大人共立比为呼韩邪单于，遣使诣阙，奉表称臣，从此匈奴便分为南北两单于。至建武二十六年，汉遣使立其庭于五原（今绥远）西塞；其冬南单于与北单于战不利，诏立其单于庭于西河郡的美稷县（今绥远东胜附近）。北单于因汉助南庭，深恐见伐，也屡遣使求和亲，光武仅赐书报答，不遣使者。明帝永平六年（公元六四年），始置度辽将军营屯五原的曼柏县，以防二部的交通。又遣骑都尉屯美稷，监视南单于。

此时北单于虽与中国和亲，但有时仍然入寇边境。到章帝元和二年（公元八五年）北匈奴衰乱，受了丁零、鲜卑、西域和南匈奴四面的夹攻，被南匈奴大破于涿邪山，王庭更向北徙。至章和二年（公元八八年）北匈奴大乱，加以饥蝗，南匈奴上言宜于此时共灭北匈奴。适章帝初崩，窦后临朝，使他的哥哥车骑将军窦宪与耿秉会同度辽营及南单于兵共出朔方，单于奔走，匈奴死伤及被俘的二十多万。窦宪出塞三千多里，在燕然山（约在今外蒙的萨彦岭一带）刻石勒功，纪汉威德，使班固作铭。

到章和三年（公元八九年）①，窦宪再使右校尉耿夔、司马任尚赵博等，将兵击北匈奴于金微山（在西比利亚境内），克获甚多。以后北匈奴向远远的西方逃走，不知去

---

① 编者按：章和二年（公元八八年）正月汉章帝死，太子肇嗣位，是为和帝，以次年为永元元年。窦宪在燕然山刻石勒功为永元元年事；使耿夔等破北匈奴于金微山，为永元三年事。

向，从此中国历史不再记载北匈奴的事迹了。虽然北匈奴的部落可能还曾经出现在世界历史之上，却不能再和中国的历史紧紧联系着了。

此后南匈奴便安分保塞，为大汉不侵不叛之臣。直到晋惠帝永兴元年（公元三〇四年），南单于的后裔刘渊才自行建立了一个割据的朝代。

王莽末年，废西域诸国王为侯，西域也解体。此时西域北道诸国服属于匈奴，南道地方却出了一个莎车王贤，和匈奴平分西域的天下。光武帝平定天下，西域十八国遣子入侍，要求中国恢复西域都护。光武因为天下初定，不许他们的请求。到明帝永平十六年（公元七三年）大将军窦固伐匈奴，略取伊吾地方（即今哈密）。他派代理司马班超出使西域，班超到了鄯善（今罗布泊西北的楼兰遗址），鄯善王广待班超甚恭，数日之后即忽然怠慢。他想一定有匈奴的使者来到，便诘问侍奉他的鄯善人说："匈奴的使者来到几天，现在在哪里呢？"鄯善的仆人惶恐，便告诉给他。他即时关上这个仆人，将带来的吏士三十六人聚会饮酒。饮到兴奋的时候，他便说："你们和我都在绝域，未尝不想立大功，取富贵；现在匈奴使人才到几天，鄯善王广的礼敬便衰败了。倘若鄯善王收捕我们送给匈奴，我们岂不连骸骨都被豺狼吃了么？"这些官属立被激动，都说："现在到了危亡之地，死生只好听从司马了！"班超说："不入虎穴，不得虎子，当今之计，只有乘夜用火攻匈奴使者，使他们不知我们多少，必然震恐，可以将他们殄尽，灭此胡房使人，那就鄯善破胆，功成事立了。"他们只好顺从。初夜，他便带了吏士奔往房营，天大风，他分派下十人持鼓，藏匈奴舍后，约说："看见火燃，即鸣鼓大呼。"余人都持兵器弓弩，夹门而伏。因此顺风纵火，匈奴使者手下百余人全被烧死和被格杀。明日以示鄯善王，当时正当汉兵大破匈奴之后，闻到汉人的这样惊人行动，一国震怖，便归顺了汉朝。

这是班超在西域立功的开始，也是后世所盛称的。然而班超却早已顾虑周全，才做出这等天才的惊人举动，并非行险徼幸。因为汉朝在西域的威风，自从李广利伐大宛，陈汤斩郅支，早已立下不拔的根基，当时窦固新定伊吾，更给西域一个当前的震动。匈奴对西域苛暴而汉宽仁，西域诸国都是些弹丸黑子之邦，本不能自立，早已视汉如天。班超到后匈奴使者的外交虽然得到暂时的成功，但鄯善王的下意识，还不是在那儿犹豫，即匈奴使者又何尝不是对汉人有相当的恐怖？这点也给班超猜透了，他是看定天时人事，知道事有可为，便做一个惊人的举动，给西域诸邦大家看一看。所以他的初步成功，不仅在他的胆，尤其在他的识。倘若没有班超的识，妄为国家生事，那就没有不失败的。只看质帝本初元年（公元一四六年），西域长史王敬妄斩于阗王，于阗人也杀王敬，此后于阗反而骄傲起来。那就是只看到班超的立威，而忽视了他当时的天时人事，和后来他对诸国的诚信相与、恩威并用的一切了。

当班超收服鄯善之时，于阗王广德已经攻杀了莎车王贤，称霸南道。（匈奴所立的）龟兹王建倚仗匈奴的势力，攻杀疏勒王，立了他的臣子兜题为王。班超先到于阗，将和他捣乱的神巫杀掉，于阗王便杀匈奴使者归顺。又差一个吏士田虑到疏勒，将兜题捉住，班超随到，立疏勒旧王的儿子名忠的为王，赦兜题不杀。从此西域诸国纷纷朝贡。这时汉朝也出兵北路，打破车师，再立西域都护和戊己校尉。

永平十八年（公元七五年）明帝崩，建初元年（公元七六年）章帝新立。焉耆背叛，攻杀都护，朝廷因为新有大丧，便废罢都护和校尉，并召班超回国①。班超欲行，疏勒的都尉以自杀挽留，于阗王侯都说"依汉便如父母"，全国人民抱马脚不放。因此他又回疏勒，用于阗、疏勒、康居、扞弥的兵士一万人，攻破姑墨。到章帝建初五年（公元八〇年）章帝命平陵人徐幹率援军一千人帮助班超。此后便以班超为将兵长史，徐幹为军司马。以后他连定诸国，和帝永元三年（公元九一年）便以他为西域都护。永元六年（公元九四年）仅存的叛主焉耆王广也为班超所杀，西域葱岭以东和以西五十多国全数内附，明年封超为定远侯。到永元十四年（公元一〇二年）征超还京师。到安帝永初元年（公元一〇七年）西域反叛，再派班超的儿子班勇定西域，然而只限于葱岭以东了②。

王莽的末年，西羌复还居塞内。隗嚣据陇右，曾经利用羌人。光武既定隗嚣，以马援任西方事，击破了先零羌，陇右才得安宁。到光武的中元元年（公元五六年），烧当羌又转趋强盛，雄服诸羌，遂有迷吾和迷唐之乱。经

① 编者按：焉耆叛汉是在永平十八年，罢都护、校尉及召班超回国是在建初元年。

② 编者按：永初元年，班勇只是受命接应西域汉兵返回，其后西域与汉隔绝十余年。班勇收复西域，始于延光二年（公元二二三年）任西域长史；其后数年他陆续平定西域诸国（焉耆除外）。

过明帝、章帝、和帝三代，屡次战胜，才完全平定。当时降羌布满郡县，为吏民役使，积成愁怨，安帝永初元年夏（公元一〇七年）征调援西域，诸羌遂反。当时中原久无兵革，郡县的常备兵又被光武帝废去了，诸羌反叛虽然毫无武备，郡县也不能制服。当时只好将凉州若干郡县迁到内地，到元初三年（公元一一五年）①才将叛羌平定。顺帝永和五年（公元一四〇年）羌祸再起，到永嘉元年（公元一四五年）复平。桓帝延熹二年（公元一五九年）烧当等八种羌复叛，到永康（公元一六七年）才由破羌将军段颎和中郎将张奂平定。但凉州屯兵既久，后来韩遂和马腾借此割据，董卓的跋扈也是凭借凉州的屯兵起来的。

---

① 编者按：元初三年为公元一一六年。元初五年（一一八年），度辽将军邓遵募人刺杀先零羌首领狼莫，诸羌始瓦解。

第九章　季汉兴亡

东汉一代，匈奴虽然没有什么问题，但羌祸起来了，羌祸的结果成为凉州军阀的割据。同时宦官和外戚迭管政治的中枢，他们的家门、亲戚、朋友，布满天下，高的做太守，低的做县令和县长，这一流人大率是贪污的。到灵帝开西邸卖官，刺史、太守和县令各有价目，这件事对于吏治的败坏更有直接的影响，当时人民唯一的希望，便是清流中公正之士出来重整吏治，然而这一般人都失败了，结果安分的农民只有被逼着造反。

两汉是一个迷信的世界，上而从儒生的天人感应，下而到宫廷和民众的祷祠巫祝，无不含有浓厚的超自然的信仰。在西汉的晚年已经有一般人造为"太平清领书"，希图假借神怪的力量影响到政权。到东汉晚年，民不聊生，巨鹿人张角便利用"太平经"中"太平"的名义，成立"太平道"一个妖教。分遣弟子诳诱四方，十年之间，信众到十多万人，青、徐、幽、冀、荆、扬、兖、豫八州的人，一齐响应。他把这些人分做若干"方"，大方万余，小方数千。他约定灵帝中平元年（一八四年）三月五日同日起事，给同党告发了，张角便"驰敕四方，一时俱起"，以黄巾为号。灵帝派皇甫嵩、朱儁等讨伐，总算归于平定。但到处草寇未平，灵帝将重臣派出去做州牧，因此外面的权便重了。

灵帝是最信任宦官的，灵帝将死将皇子协托宦官蹇硕。当时何后的哥哥何进为大将军，知道此事，便拥兵而入，立何后的儿子辩，乘机杀了蹇硕。当时袁绍为何进画策，尽废诸宦官，何后不肯，何进犹豫不决。后来何进又召董卓等外面军队，两方冲突日烈，何进便于入宫时被宦官杀了。

袁绍方为司隶校尉，闻此消息，立刻勒兵尽杀宦官。但董卓已经星夜进兵到洛阳，废皇子辩，立皇子协（是为献帝），尽吞并在京师的军队，独断朝政。

袁绍看见情势不对，逃到东方各郡，召集申讨董卓。董卓便毁坏洛阳的宫室，迁到长安。但东方的军队也无所成功。

这时河南尹王允为司徒（宰相），他勾结董卓的部下吕布，将董卓刺死。董卓部下的将领都想回家，但王允不肯下赦令，他们纷纷恐惧起来，起兵叛变，攻陷京城，杀王允。他们自己又互相攻伐起来，献帝用尽方法才逃到洛阳，东方各郡大家都不管，只有兖州的曹操迎接献帝，迁都许昌。从此以后，曹操便挟天子以令诸侯，献帝"守府"罢了。

东汉这时实际上灭亡了。东汉的灭亡由于许多偶然事件凑成的，假如何进能够当机立断，不至为宦官所杀，假如何进不召董卓，何进虽死，洛阳不至大乱，假若王允早颁布赦令，凉州军队不至叛变。没有这些事，都不至于成这一个局面。虽然历史的事实，假如不成这一种局面，那就要成为甚么局面还不知道，但这些偶然的事实，当然都是重要的关键。我们绝不应当忽略这些偶然的现象，便发挥机械的定命论。

在这个时候，曹操既挟着天子，天下的实权，便可由曹操从容支配了。当时割据的地方官吏，有：

袁绍据冀、青、幽、并四州。

刘表据荆州。

袁术据扬州。

刘备据徐州。

刘焉据益州。

马腾和韩遂据凉州。

其中刘备的徐州，尚未稳固，不久便为袁术、吕布所破。袁绍实力最大，刘表的地方丰富而完整。但刘表只希望观望形势，并无一定的计划；袁绍是何进的旧部，他对于董卓所立的献帝，不想加以任何援助，但他又没有另立天子的勇气，他只想听其自生自灭，却没想到给曹操利用了。

曹操迎接献帝之后，河南及关中都归到曹操，袁绍后悔，想将天子移到鄄城，曹操不许。到袁绍破公孙瓒，尽统有河北的地方。曹操移兵攻徐州的刘备，胜负未决，田丰劝袁绍急攻曹操，袁绍不肯。后来刘备被曹操击破，袁绍才攻曹操，当时袁绍因为战胜公孙瓒，将士甚骄，前锋屡败，但因为实力尚强，所以相持不下。此时曹操取的尚是守势。等到曹操引诱袁绍将张郃、高览倒戈，假天子命加以封拜，袁绍众才大溃，回去便死。袁绍死后，河北地方尚在，可是他的儿子袁谭与袁尚相争，内部大乱，曹操终于全定河北。

曹操大胜袁绍在二〇二年，入袁绍根据地邺城，在二〇四年，平定冀青幽并四州，在二○五年。当袁绍、曹操相持之际，刘表虽和袁绍联和但不敢出兵。到二○八年曹操便击刘表。此时适会刘表死，他的小儿子刘琮投降了曹操。

这时候刘备也在荆州，他和曹操是不相容的，只好逃到夏口依刘表的长子刘琦。刘琦的势力当然不是曹操的敌手，幸亏尚有在江东独树一个势力的孙权可为救援。孙权的父亲是长沙太守孙坚，在董卓西迁的时候，曾经打到洛阳，后来袁术占据扬州，他因为帮助袁术，被刘表的军队射死。他的长子孙策当袁术败时，占了扬州。在袁绍曹操战时方起兵谋袭许昌，被人刺死。这时他的弟弟孙权继承了他，刘备便遣诸葛亮到江东求救。

曹操虽然实力较大，但远道疲敝，到了沼泽地带，北军又不习水战，再加上荆州人心未服。由江东派来周瑜率领水师三万，和荆州及刘备的兵大破曹操于赤壁（在今湖北嘉鱼县），时为二○八年。曹操北还，刘备便乘机略有荆州之地。

赤壁战后，曹操一时无力南进。到三年之后（二一一年）曹操假天子诏征马腾为卫尉，他的儿子马超和韩遂叛变，直打到潼关，被曹操的反间使他们互相猜忌，结果被曹操打败了，马腾被曹操所杀，马超也遁入汉中。

这时候的汉中是五斗米道首领张鲁占据。益州是刘焉的儿子刘璋。张鲁有吞并益州的意思，刘璋便请刘备入川来防张鲁。到二一二年刘备便自据涪城，二一四年便入成都自为益州牧。二一五年曹操夺了张鲁的汉中，二一六年刘备又将汉中夺去。

刘备是涿郡涿县人，汉景帝子中山靖王的后裔。汉代宗室甚多，西汉末年已经有十万人，当然不算希奇，不过在此时却算宗室中的颖秀的了。他父亲曾为东郡范令，早卒，他少时曾受学于九江太守卢植，但不甚力学。及黄巾起事，有功，拜平原安喜县尉。后来为公孙瓒、袁绍所引用，才为平原令、平原王相，及陶谦将死才领徐州牧事。这时候袁绍和曹操的势力早已养成了，他的势力后起，所以不能有所成功。后来在徐州为吕布击破，走依曹操，曹操以他为豫州牧。当时献帝密诏讨曹操，事觉，他走到徐州，卒被曹操击破，乃南依刘表。

时刘表在荆州，使他屯樊城。刘琮降曹操，他便到江夏依刘琦。当过襄阳时，诸葛亮在襄阳，他亲访诸葛亮，卒为贤辅。有名的《隆中对》便是此时诸葛亮的建议，他说：

自董卓已来，豪杰并起，跨州连郡者不可胜数。

曹操比于袁绍，则名微而众寡，然操遂能克绍，以弱为强者，非惟天时，抑亦人谋也。今操已拥百万之众，挟天子而令诸侯，此诚不可与争锋。孙权据有江东，已历三世，国险而民附，贤能为之用，此可以为援而不可图也。荆州北据汉沔，利尽南海，东连吴会，西通巴蜀，此用武之国，而其主不能守，此殆天所以资将军，将军岂有意乎？益州险塞，沃野千里，天府之土，高祖因之以成帝业。刘璋闇弱，张鲁在北，民殷国富而不知存恤，智能之士思得明君。将军既帝室之胄，信义著于四海，总揽英雄，思贤如渴。若跨有荆益，保其岩阻，西和诸戎，南抚夷越，外结好孙权，内修政理，天下有变，则命一上将将荆州之军以向宛洛，将军身率益州之众出于秦川，百姓孰敢不箪食壶浆以迎将军者乎？诚如是，则霸业可成，汉室可兴矣。

这一篇著名的计划差不多全被刘备采用了，后来的三分局面便是照此计划施行的。只是忽略两点，便是：（一）"东和孙权"不太够；（二）等待"天下有变"并未做到。

蜀据荆州，当吴的上游，蜀强吴必不安。刘备入蜀之后以关羽督荆州事。他勇冠三军，向来为孙权所畏惧。倘若据守不动，曹和孙都无可如何。倘若北伐立功，那就一方面加孙权的疑忌，一方面给孙权一个可乘的机，便是正中了司马懿和蒋济所料，正可以利用孙权了。刘备入蜀，吴人立刻将孙权的妹子嫁与刘备的接回，已经表示互相疑忌。刘备在此时还要使关羽北伐，正可证明没有全用诸葛亮的策略。

在诸葛亮的计划中，对于荆、益及汉中取得以后便要据险自守，要待天下有变方才北伐，北伐之时是以出秦川的为主力，而出荆州的是牵制的伪师，然而刘备却不如此，在天下无变之时要命关羽攻襄樊。到第二年曹操死了，曹丕称帝，正是吊民伐罪的时候，却不因公义来伐魏，乃因私怨来伐吴！使中原忠义之士失望，使吴作"困兽之斗"，结果还是刘备失败了。不但他失去可乘之机，还给西蜀一个致命的打击。后来诸葛亮说"法孝直若在，则能制主上，令不东行"，可见事态的严重了。

诸葛亮以西蜀为根据地的计划，显然是利用历史的教训。东西两汉的开始时期，只有东汉比较容易，但刘备兴起较晚，仿效东汉根据河北的时机早已失掉了。好在益州尚可规取，就是西汉高帝初起时的规模当可希望到。"亮常镇守成都，足食足兵"，正是过去萧何的职分。所不幸的便是方下汉中，未能规复雍州、凉州，便和吴开战，使得受严重的损害以后，诸葛亮的六出祁山便不如西汉时暗度陈仓的顺利了。

在二二三年初夏的时候，刘备从猇亭回来的第二年，因为久痢夹杂着别的病便逝世了，凡称帝三年，谥号曰昭烈皇帝，史称先主。后主刘禅嗣立。诸葛亮辅政，事无大小，皆决于亮。二二五年诸葛亮亲到南中的滇池县（今云南晋宁县）讨平南蛮。因为他们的确心悦诚服，对南中不再留兵。他治兵讲武准备北伐，到二二七年率诸军北屯汉中，著名的《出师表》便是此时上的。一直到二三四年与魏军相拒，凡历七年，互有胜负，但诸葛亮却无可如何。这时蜀和魏的国力已经相差太远，再加上蜀中的后路运输不便，他却能够胜多于败，诚然是一个不容易的事。在二三四年，诸葛亮悉大众从斜谷出兵进屯武功的五丈原（在今郿县以东），和司马懿在渭南对峙，方才分兵屯田为久住之计，不幸此年八月他便病死了。病死之后兵也南退。

诸葛亮的长处，治国尤长于治兵。他生在后汉儒术风气之下，他的道德观念以及做人态度，完全是儒家的。

他受遗诏辅少主，鞠躬尽瘁，奉公守道。一国之中以至四境之外，无论恩仇都能心悦诚服，这完全由于他的处心以诚、处事以公的原故。但又因为他过于开诚布公的原故，所以他的行文，便不免过分丁宁，文辞不艳了。同时因为汉家的法度本以王霸道杂之，所以贾谊的奏疏、宣帝的政治都有若干法家的成分在内；诸葛亮是一个实事求是的人，所以他为顾及汉家相传的建树，他所有的设施和若干议论，无疑的是出于申韩。他处事的精练综核，循名责实，以及他行法的严，都可见到法家的影响。不过他诛戮放逐的虽然大有其人，但只是及身而止，不像曹操要戮及全家数百口，那就是因为曹操有若干不可告人之事，非施行恐怖政策，不足以服众。诸葛亮的法虽严，究竟还有一定的标准，谁来犯法，处罚他本人自然就够了。

诸葛亮究竟是一个谨慎周密的人，他做事必策万全，他的政术固然是管仲、萧何一类的人，他的将略也是赵充国之亚，他的这种将略假如以强者对付弱者，那就十全必克，万无一失。可惜蜀与魏的国力相差太远，他的持重办法，虽然不至大败，但也不是没有失掉可以出奇制胜的机会。陈寿是一个佩服诸葛亮的人，他的《上诸葛武侯故事表》，称："治戎为长，奇谋为短；理民之干，优于将略"；实在是平心之公言，并非挟私的诽谤。虽然这一点对于他的历史上的地位，并不生多大关系的。

三国人才之盛，由于后汉教育发达的原故。但教育的发达和人口的多寡，交通的方便与否，财富的增殖与否，都有密切的关系。西蜀虽然是财富之区，但僻处一隅，文化当然比黄河下游差多了。诸葛亮未死，手下的人才已经无法和魏抗衡，就是比吴也比不上。这当然和蜀的失掉荆州以及不能取得雍凉有密切的关系。然而制礼作乐必待百年，有什么办法呢？不过他死了之后，后继的人为费祎、蒋琬、董允诸人辅政，姜维为将，居位自称，亦无大失。只是国力悬殊太大，而魏国的司马昭、邓艾、钟会等都是特出的人才，所以在二六三年西蜀终于灭亡了。到二六五年，魏被司马炎篡位；到二八〇年孙皓的吴也被晋将王濬和王浑灭掉。

在东汉一代世族的势力已经很显著了。郡国的孝廉选举早已被世族所把持。他们大都是世传礼法，以门风相尚。东汉末年党锢之祸，大体说来可以说是外戚和世族相勾结，与皇权及宦官斗争之一幕。灵帝死了以后，这个斗争白热化起来。起兵诛尽宦官的袁绍，是一个四世做过三公的清流家世，很显然的是世族的代表。后来他到河北以后的特别优礼郑玄，仍是礼法世家的一贯作风。但是袁绍、曹操的斗争，袁绍却在军事上失败了。

袁曹的胜负对于社会上有极大的影响，其结果便是礼法世家的变质。东汉世族矜持礼法的作风，互相标榜的作风，好坏是另一回事，公平与否更是另一回事，不过当时世族本身并未到崩溃的时期，如果维持得法，那就再维持一个长时期，也不算一番难事。但袁曹的战争，胜利归到曹操的一方。曹操本人不出于礼法的世族，他是出于宦官子弟的。他先天的潜意识当然不同意于世族的，所以他得势之后，便是裁抑世族，毁弃礼法。他杀孔融，杀杨修，翦灭伏氏、耿氏、金氏，都是出于这一个立场。尤其有名的三个魏武令（建安十五年令："……今天下尚未定，此特求贤之急时也。……若必廉士而后可用，则齐桓其何以霸世？今天下得无……盗嫂受金而未遇无知者乎，二三子其……唯才是举，吾得而用之。"十九年令："有行之士未必能进取，进取之士未必能有行也。陈平岂笃行，苏秦岂守信邪？……有司明思此义，则士无遗滞，官无废业矣。"二十二年令："……韩信、陈平负污辱之名……卒能成就王业……吴起贪将，杀妻自信，散金求官，母死不归。——案此事俱妄，见郭沫若《吴起考》——然在魏秦不敢东向；在楚，则三晋不敢南谋。今天下得无有……高才异质……负污辱之名，见笑之行，或不仁不孝，而有治国用兵之术？其各举所知，勿有所遗。"）明说惟才是举，虽不仁不孝也不必管。显然的，曹操是对于抑制世族和破坏礼教双管齐下。

然而曹操绝不是一个平民政权，他本是豪富，执政柄后更是豪富，与世家大族并无不可解的冲突。他要抑制的是反对他政权的，到了都成了他曹家政权下的顺民，也用不着多为抑制了。所以他虽然抑制世族，而世族依然存在。但破坏世族的礼教，他却收了绝大的功效。东汉自表章气节以还，名士诚然互相标榜，以取虚誉，并且有时不近人情，可是忠君，孝亲，笃于故旧，不畏强御，已经成了社会公认的绝对道德标准，有违背此义的，便为社会所弃。曹操严刑峻法，顺己的生，逆己的死；不许社会有气节。同时再宣传不仁不孝，社会可以再不要气节。因此社会上大家都变成忍耐、不讲是非，同时在思想上也以老庄为唯一之出路。

"魏武（曹操）好法术，而天下贵刑名；魏文（曹丕）慕通达，而天下贱守节。"这虽然是两代的事，然而仍是相续的，一贯的。在西汉初年虽然好尚黄老，但他们主于实行而不在空谈。他们所谈的黄老是出于民间的，所以他们都尚俭素，而讥诮他们的也说这是"家人言"。至于魏晋时人所讲老庄的人，他们都是出于世族和显宦，他们要讲老庄，为的是出言玄远，可以不臧否人物，他们出言的时候多半是讲虚无（与西汉初年为的要与民休息而讲自然的不同）。他们处世的态度是要随世浮沉，要不负责任。最先的王弼、何晏还是为的在思想上找出路，后来的阮籍、嵇康便是别具苦心（嵇康言行远不能一贯的虚无），至于王戎、王衍那才是具有金钱名位而谈玄虚，到何曾、石崇之流更是一切为我，侈泰自奉，越来越江河日下了。

至于世族的把持，到魏以后不但不减轻，反而加重起来。原来在魏文帝（曹丕）的时候，"三方鼎立，士人播迁，四民错杂，详覆无所"，因此孝廉无法尽由州郡来举。尚书陈群奏于各州郡在京师的仕宦中，各择一人为中正，按九等来品评当地的士人。尚书用人之时，便依据中正考核的等级作为选用的标准。但京城仕宦的人只相识京城仕宦的人，所以本地的平民绝无选用的机会，从此以后更要"下品无世族，上品无寒族"了。所以东汉如黄宪以牛医之子还可得大名，到魏晋反而不行了。

曹操本人所做的，如不追关羽、赎蔡文姬诸事，也有真性情。不过环境所限，使他作恶到底。他的《述志令》是一篇很真诚坦白的文章，他后来的把持权位确有骑虎难下之势。当时历史上并无日本世袭关白大将军的先例，如果功高震主，便只有篡位。假如准备自己或子孙篡位，道德的条件便不能顾及了。

魏的篡汉开中国中古历史一个恶例。苏轼《荀卿论》所说"其父杀人报仇，其子必且行劫"，魏篡汉以后（二二〇年）的四十五年（二六五年），司马炎便篡魏了。魏的篡汉还可以说再造汉家，立功太大，无法收手。司马氏的篡魏，那更是一个预蓄的阴谋。当司马懿和曹爽争权之际，曹爽除减削司马懿一部权柄之外，并没想到有危害司马氏之意。倘若司马氏安分一点，一样的可安然做元老大臣。然而皇位的野心使他们一心想学曹家。他用交通宫禁，勾结军队，联络豪族，种种手段，将他的政敌击败，并且很残酷的将政敌中的名士也一网打尽。后来他儿子司马师、司马昭相继秉政，削平异己，用很多不光明的方法，来巩固他们的政权。直到奸邪无耻的贾充，做了晋的元勋和国戚，他的女儿做了皇后，许多不好的因子，最后凑成了一个五胡乱华、中原板荡的大祸，明白显示着作政治的人"不择手段"的结果。

第十章　两汉的学术信仰及物质生活

　　两汉的学术是从战国时的系统衍变而来的。秦始皇三十四年（西元前二一三年），他统一全国的第九年，博士齐人淳于越称说《诗》《书》，主张恢复封建。丞相李斯痛加反驳，他说一般人是古非今，要严厉的禁止，牵连着焚书。当时李斯的奏议是：

　　　　史官不是《秦纪》都烧去，天下的《诗》、《书》和百家语，除博士官所管的都烧去。此后偶语《诗》《书》的弃市，以古非今的族诛。官吏见知不告发的与同罪，令下三十日不烧，黥面去筑长城。所不去的，医药、卜筮、种植的书；倘若要学的，以吏为师。

始皇批准了。从此便大焚民间的书，官家藏的各国的史记也被烧了。其中尤其不可补救的损失便是这一批历史书，因为都是只藏在官家的。至于民间的书，并未烧尽。此后三年，始皇三十七年，他便死了。次年二世元年陈胜吴广起来，到二世三年秦便灭亡了，所以焚书的有效期间只有六年①。而且齐鲁两处在二世元年便已不是秦所有，所以对于齐鲁两处只有四年有效的。因此除去对于战国以前历史的亡失，要归咎于秦的焚书，但《诗》、《书》和诸子的亡失，对于秦代焚书的关系，不必过分的夸张。

然而秦在七国之中为文化最低的一国，周和六国史官所藏的历史和典章制度法律都被烧掉了。民间的记载不仅不完全，而且是错误的。我们概括的印象是战国时代中国一切的文化，已经发展得相当高，并且为两汉文化的渊源，但除去从遗物上看到一些以外，文字上竟无正确可信的完整记载。但《诗》、《书》及诸子大致却都相当的完整，纵有亡失部分还是逐渐而来的，四年中的毁灭当然不

① 编者按：秦亡于汉王刘邦元年（公元前二〇六年）十月子婴出降，故焚书有效期约为八年。汉承秦制，秦《挟书律》的正式废除，是在汉惠帝四年（公元前一九一年）三月。

是没有，可绝不是惟一的原因。

汉兴之后最初还是诸侯分立的状态，当时的王国虽然是姓刘的宗室，但他们还是以六国的王自居。所以纵横家的游士大行，《战国策》一书便是战国及汉初的纵横家手册中一部分。其他的诸家当然也都彼此竞胜。当时吴王濞、陈狶之类，稍后如梁孝王武，再后如淮南王安、河间献王德，也都是招集宾客的。著名的文人邹阳、枚乘都是先到吴后到梁。淮南王安招致宾客方术之士数千人，著《淮南王书》。河间献王大招经术之士，多得古文旧书，并且自立博士。至于曹参相齐也招集了不少儒生及黄老之士。所以当时《诗》、《书》、诸子传授尚广，不过河间王所提倡的是齐鲁的《诗》《书》，淮南王是诸子罢了。

自春秋以后，学术的传授无疑的孔子是唯一的大师，《诗》《书》是不包括在"百家语"之内的，所以儒家在春秋战国以来，早已取得学术正统的地位了。秦始皇的几个刻石和《中庸》的"非天子不议礼，不制度，不考文；今天下，车同轨，书同文，行同伦"、"日月所照，霜露所队，凡有血气者，莫不尊亲"相符，还可以说《中庸》是秦博士所为。但刻石的道德标准，如"夙兴夜寐，建设长利；专隆教诲，训经宣达；……贵贱分明，男女礼顺"，"远迩辟隐，专务肃庄；端直敦忠，事业有常"，"六亲相保，终无寇贼"，"端平法度，万物之纪；以明人事，合同父子；圣智仁义，显白道理"，绝不能说在百家杂说之中，不是最近于儒家思想。自然始皇自己信不信另外是一回事，儒家的道德标准已经成为正统的标准又是一回事。所以始皇坑儒，扶苏便以"诸生皆诵法孔子"为谏，可知孔子之教早有超越的地位了。

孔子的宗派的渊源现在虽不能完全知道，但或者是汇集往古许多学说来的；孟子所说的孔子是"金声玉振"的"集大成"，或者差不太远。孔子之论据有若干是为的适应当时的时局，他是守旧的或者是革新的，在本书中不拟讨论他。不过有许多是超时代的广泛做"人"之道，这一点要和西方的苏格拉底以及基督教教义不谋而合。这便是最可注意的一点，也便是能够历久相传的一点。他的为学的态度主要的一点是诵法先王，表率仁智，后来墨翟仍然维持这两点，成他学术的中心，所以墨家对于礼乐的态度虽然与孔子的主张大殊，但就他的出发点而言，仍然不失为儒家的旁支别派。从来的学术与宗教，最互相接近的便是最要排斥的，这是毫不足异的事。

反之，中国古代还有一个主张不诵法先王、不表章仁智的宗派，他们主张含容退让，清虚自守。他们的渊源现在也不能知道，我们也不便因为他们的行踪在春秋战国发现，便断定起源于这个时候。现在大略知道的，便是孔子时的晨门、荷蒉、接舆、长沮、桀溺的一般人，都接近这一类思想，到《老子》五千言出来，才有这类思想的一个总的册子。《老子》五千言绝非一个人一个时代的话，而是拼凑许多警语的类书或总集。司马迁《史记》的《老庄申韩列传》中的老子，计有李耳、老莱子、周太史儋、段干宗的父亲，一共有四个人，假若分开老聃和姓李名耳字伯阳的为二人，那便有五个人了。现在看来，周天子的柱下史应当是一明典章制度的世职，绝不能用一个和周文化迥不相同之下号为荆蛮的楚国人。孔子和他问礼的可能是"述而不作，信而好古"的老彭，他因为是周柱下史，应当第一步是和太史儋相混。但《老子》的纂辑者应当是楚国人，连太史儋也不是。道家的人不注重历史观念，上自老彭下迄段干宗都变成一个人。从此"老子"的著者更不可究诘了。

　　道家的主张是清静无为，回到自然的素朴，在《老子》书中如"圣人不仁，以百姓为刍狗"，"绝圣弃智，民利百倍；绝仁弃义，民复孝慈"，"礼者忠信之薄而乱之首"。"大道废有仁义，智慧出有大伪"，和儒家的诵法先王，表彰仁智，尊崇礼乐，显然立在繁简的两极。以外的各家不论在哪一种治国经世的主张，连申韩在内，都是出于儒道两家对立之下，所形成的辩证式的发展。

"无先王之言，以吏为师"，李斯想贯澈这个主张，结果秦灭亡了。从此以后，法家不能成为立国的方针，只能成为施政的技术。墨家的自苦为极也早成为绝学了。立国的主要方针，还是落到儒道两家的头上。

这时的道家已不像过去的"家世寒微"了。他们已经找到了一个古代的帝王号为黄帝的作成他们的祖师，他们的名称便并合了黄帝和老子之名，称为"黄老之学"。汉代初年客观的条件要无为而治，与民休息，经曹参诸人的提倡，黄老之学便成风靡一时的学术。

然而黄老和申韩是相同的，除去权谋技巧可为治术之外，对于人生和社会的关系，要有许多方面显出不可避免的自相矛盾和言行不符。而且在人生哲学和礼乐政教的各方面治具，无论哪一家也不如儒家的内容丰富。在汉代黄老当政时候，黄老家只能决定一个大政方针，其余许多有关国家文化的设施，还要由儒家处理。自秦立博士，多至数十人，其中便有不少儒家，具官待问。而朝仪一事又是由儒生叔孙通一手包办，黄老之徒历来未参加意见的。

所以申韩和黄老虽然在汉初相当得势，但儒家的潜伏势力是要比任何一家都大。他们本来是学术的正统，当然要等待相当的时机，便再来争取学术正统的地位。

文帝时，著名的贾谊便是一个兼治申韩的儒家。"其后黄龙见于成纪"，应了公孙臣的豫言，文帝就任公孙臣为博士，和诸儒同草土德的制度。公孙臣是传儒家别支邹衍之学的。其余六经之学讲《诗》的鲁有申公，燕有韩婴，文帝就任他们《诗经》博士。《书经》这时传授不广，寻了好久，知道济南有个伏生，年九十多岁了，本来是秦的博士。因为不能到京城来，就派太常掌故晁错去受学，传到二十八篇，朝廷便任晁错为《书经》博士。到景帝时又以辕固生为《诗》博士。辕固生齐人，他的章句和申公、韩婴又有不同，从此《诗经》又有齐、鲁、韩三派。同时景帝又以董仲舒和胡母生为《春秋》博士，传《春秋》公羊家学。

武帝建元元年（前一四〇年），借着选举贤良方正的机会，将贤良中治申韩苏张之言的，悉加罢遣，只留儒学。虽然当时窦太后崇尚黄老，不乐此事，但窦太后死了，武帝胜利了。到建元五年（前一三六年）武帝便置五经博士。当时因为文景两代立下的博士只有《诗》《书》《春秋》三种，还缺《礼》和《易》，所以他给补足了。《易》是从齐田何传丁宽、田王孙，自后有施孟梁丘之学；《礼》是鲁高堂生以《礼》十七篇传徐生，徐生孝文时为礼官大夫，又传萧奋至后苍，再传至戴德及戴圣，号为大小戴。

五经博士到元帝时分为十四博士，计为：

《诗》　齐（辕固生）
　　　　鲁（申公）
　　　　韩（韩婴）

《书》　欧阳
　　　　大夏侯（胜）
　　　　小夏侯（建）

《礼》　大戴（德）
　　　　小戴（圣）

《易》　施（仇）
　　　　孟（喜）……（？）京（房）
　　　　梁丘（贺）

```
                    ┌─ 严（彭祖）
              ┌ 公羊┤
《春秋》┤           └─ 颜（安业）
              │
              └ 榖梁
```

博士弟子在武帝时只定五十个名额，叫太常就人民十八以上、相貌端正的选择，读了一年，考一次。如能通一经，就可补文学掌故，高第的可以做郎官。其后昭帝加至一百人，宣帝时又加至二百人。元帝喜好儒术，特增到一千人。成帝时有人说孔子布衣，尚且养三千徒弟，现在国家的太学反而比孔子的少，说不过去。从此又加到三千人。到东汉时太学诸生便到了三万人了，名数越多，标准越低，选择越滥，出路也就自然越坏，而太学的利禄奔竞的学风也就一天一天的增长了。

武帝时正值太平盛世，他很注意藏书。宫庭里面有天禄阁、延阁、广内、秘室，宫庭外有太常、博士[①]。他又置写书的官，抄写的很多。到成帝河平三年（前一一六年），命谒者陈农四出搜访遗书，又命光禄大夫刘向校

---

① 编者按：《艺文类聚》引刘歆《七略》："孝武皇帝，敕丞相公孙弘，广开献书之路，百年之间，书积如丘山，故外则有太常、太史、博士之藏，内则有延阁、广内、秘室之府。"

六经、传记、诸子、诗赋，步兵校尉任宏校兵书，太史令尹咸校数术书，侍医李柱国校方技书。因为刘向是一个博学的人，每一部书校完，就由他条举篇目，撮出其中的旨要和意义，称为《别录》。这件事作了二十年，刘向就死了（时为绥和二年，公元前七年）。他的儿子刘歆学问也很博，便由他继续来校。编成《七略》：（一）《辑略》（全书的通论）；（二）《六艺略》（六经和六经的传）；（三）《诸子略》；（四）《诗赋略》；（五）《兵书略》；（六）《术数略》（天文历数阴阳）；（七）《方技略》（医方及神仙）。这是中国最古的一部目录书。后来班固作《汉书·艺文志》便是以此为根据的。现在我们能知道古代学术的大概情形，便全靠这一点记载。

刘歆先前襄校的时候，曾发见了一部古文字的《春秋左氏传》。他读了非常欢喜，便引传文来解《春秋经》。从此《左氏传》便有了章句，义理也完备了。他以为《左氏传》便是《论语》中的左丘明作的，左丘明亲见孔子，好恶与圣人相同。因此他便以为《左氏传》是最靠得住的一部《春秋传》。（郭沫若以为《春秋左氏传》当为战国吴起作的，可备一说。孔子是否作《春秋》现时尚不敢说，但《公羊传》战国诸子已有引到的，可见尚不太晚。假如吴起时作有《左氏传》，很可能《春秋公羊》一类的经传，作于七十子之徒，而《左氏传》更是传中之传了。）《左氏传》本来事实周详，内容丰富，再加上一代大师如刘歆其人的修改增订，当然精深窈密，左右逢源，然而就和《春秋》的关系论，当然是《公羊传》要直接些，《左氏传》便间接了。

刘歆既然经手改编了一部《春秋左氏传》，后来又寻出了一部《毛诗》，一部《逸礼》，一部《古文尚书》。《毛诗》传自赵人毛公，为河间献王博士，毛公传贯长卿，长卿授解延年，延年授徐敖，徐敖授陈侠。陈侠与刘歆同时，后为王莽的讲学大夫。《毛诗》本和《鲁诗》相近，只是采入若干和《左氏传》事实相同的小序，所以《毛诗》并非古文之学，但符合《左氏传》的地方，却又不能说不是受刘歆的影响。

《古文尚书》比当时相传的多出十六篇，《逸礼》（《古文礼》）比当时相传的多出三十九篇，都是刘歆从秘阁校书时寻出来的。据说和汉武帝同时的鲁恭王，他是一个好修宫殿的人，把孔子的旧宅也围进去，便在墙壁里面发现这许多书。据刘歆《答太常博士书》说：是天汉年间为孔子十二世孙孔安国家所献，当时遭巫蛊之难，故未施行。案：鲁恭王卒在元朔二年（前一二七年），孔安国据《史记·孔子世家》亦云早卒。当时《今文尚书》二十八篇尚微如一线，至兒宽始显，欧阳夏侯尚在其后，可见《尚书》之学不为当时的人注意。《尚书》多古字古言不好解释，宣帝时在美阳得鼎，公卿大夫中还只有张敞认得，才不以为祥瑞。由此例彼，也可见《古文尚书》并不是容易被人认识的事了。但孔子故宅的藏书倒不见得是孔子所藏，也许是秦时所藏。刘歆是否增减《古文》以就己意又是另一回事，孔壁《古文》在以前张霸伪作《百两篇》时已经用来校对了。他的本身大概是不假的。

然而刘歆立四家博士之时，《毛诗》本在民间自有传授，所以不成问题。但他要立《古文尚书》《古文礼》《左氏春秋传》便大成问题了。因为汉代儒生所要的是师法，中秘之书发于刘歆自己，并无显明的师法可承，倘若立于学官，是不可以为训的。所以刘歆很受人攻击。他便发表了激切的《移太常博士书》，诸儒攻击便更厉害了。幸而哀帝帮助他，他才外出做了几年太守。

然而他的机会终于到了。他少时任黄门郎，王莽这时也和他同为黄门郎，两人都很博学，十分相投。到平帝元始元年（公元纪元①）王莽当政，他便由左曹太中大夫，为羲和、京兆尹。元始四年王莽奏起明堂辟雍，就是由刘歆主办的。又使他典儒林史卜之官，考定律历。他已经成为文化事业的中心人物，他可以用自己的理想构成新的文化系统了。于是《左氏春秋》《古文尚书》《毛诗》《逸礼》都立了学官。

他立了这四种古文经传，六经的《乐》本来有谱无经，他也找出了一部《乐经》立在学官。又增加博士员，每经五人，六经共三十人；每一博士领三百六十个博士弟子，总共有一万八百个博士弟子。此外他还奏请征求天下异能之士，凡是通一经、教授十一人以上，和懂得《逸礼》、《古文尚书》、《毛诗》、《周官》、《尔雅》、天文、图谶、历算、钟律、月令、兵法、《小学》、《史篇》、医术、《本草》的，地方官都替他预备车马，送到京师②。在元始四至五年间到的有几千人。都在未央宫廷中讨论记录，以求统一学说。当时所讨论的已经大部分不传了，只知道当时通钟律的有一百多人，他的议决案是羲和刘歆领衔奏

---

① 编者按：即公元元年。

② 编者按：据《汉书·王莽传》，无历算、《小学》、医术、《本草》诸项；可与《平帝纪》互见，疑医术与《本草》重。

上的。又当说文字的有一百多人，以沛人爰礼的学问为最高，就任他做《小学》的元士。汉代通行的文字，据《仓颉篇》只有三千三百字，扬雄采取讨论的结果作成《训纂篇》便有五千三百字了。此后东汉班固作《续训纂》就有六千一百多字，后来许慎作《说文解字》就有九千三百多字了。

这里头加入的字，除去故意造作的一部分古文奇字和一部分从古器物上杂凑起来的以外，主要的便是中秘的古文书籍抄下来的。这种大规模的整理功夫，可以看出刘歆的工作是如何的急进。我们现在看来，刘歆的大规模整理，当然由于他的重要的抱负：第一，他的造诣本来很好，再加上积年窥见中秘书的结果，当然举世无匹，因此他自然有许多新的心得，想借此发挥出来。第二，在学术上，他确有改进的热忱，但也有专断的野心，想一手造成他的势力。第三，这时王莽方图谋篡位，他也未尝不想到：（1）笼络在野的人心，并造成新朝气象。（2）他并且可以存留一部分对于王莽有利的材料，而取消对王莽不利的材料。所以刘歆的古文运动当然有当时的政治意味，然而就学术论学术不失为一个重要的结果，其主观改窜的罪是不能埋没了他的结集之功的。

西汉晚年今文各家大都是三家村的学究，除过讲阴阳灾异以外，已经不能有所发展了。打开这个僵局，利用中秘的藏书，来和学究们对抗的，刘歆实在是一个主要的人。他的古文运动可以说是经学的新启蒙运动。他的背后是否另有政治背景是一件事，他的本身贡献又另是一件事。倘若没有刘歆这一次运动，可以想到《春秋左传》《周礼》《尔雅》都要亡失了，《史记》也可能亡失，《汉书》可能没人再做，《方言》《说文》《广雅》《释名》那就更不会有，三《礼》是否有郑玄来作注自然更成问题。学术界充满的全是些阴阳灾异，试闭目想来，成何现象！

平心而论，刘歆并非作伪的巨人，他只是一个改编的圣手。其人因为魏晋间王肃及其门徒伪造了《孔子家语》和《伪古文尚书》便联想到刘歆也曾如此。这是不切当的。就其中所有的而言，《左氏春秋传》本先秦的旧籍，《古文尚书》和《逸礼》也早在中秘存在，其后壁中书又添出《春秋》《论语》和《孝经》，虽然显明的很有问题，但据现在所知道的只是用古文书写的，内容却没有多大区别，所以还只是改写，和作伪有间的。汉代诸家私改古书，不论今古文大家都是（如不私改古书，各家之间便不会有异文了）；到熹平时尚然，原不仅刘歆一人，只是他发起一个新的运动，偶然有不忠实之处，影响也格外大。倘若相信康有为《新学伪经考》和崔适《史记探源》《春秋后始》①的话，认为刘歆移天换斗无孔不入，那就是精神病现象了。

古代书写用木简或竹简，容易错误，居延海汉简曾有两个断简是汉武帝诏，和《汉书》记载下的便颇有出入。《后汉书·尹敏传》说，光武命他校定图谶，删去崔发替王莽加进去的话，但他很不相信谶书，光武一定要叫他做，他便在缺文上写了一句"君无口，为汉辅"。光武识出他的笔迹，问他为什么要这样做。他便说："我目睹前人增损图书是这样的；我不自量，也盼望万一徼幸。"那么将《左氏传》旧文加入"其处者为刘氏"这一类的改法，不是很容易吗？但和全盘作伪究竟不同了。

在战国中叶有一个齐国人邹衍，他的基本观念虽是儒家，但他利用五行的生克，创造了一个五德终始之说，认为每一个帝王之起，都具有五行中的一德，循环不息。合于某一个德的帝王，都有他特有的制度和祥瑞。后来的灾

---

① 编者按：应为《春秋复始》。

异、祥瑞、符命诸说，都是由邹衍系统衍出。到了汉哀帝和平帝之间，大批的灾异说和符命说都起来了。许多的是和六经要附会的，所以对经而言便叫做纬；又因为有占验豫言的性质便叫做谶；统言之便为谶纬。这时不论是否刘歆的一派都有层出不穷的谶纬出来，王莽便假借着篡汉。

光武虽然"光复旧物"，但他所入的太学，便是王莽的太学，他对于谶纬还是相信的。在他昆阳之战以后，他的同学送来赤伏符，中有"刘秀发兵捕不道，四方云集龙战野，二七之际火为主"等语，他一路成功，果然相信了。他后来在建武中元元年（公元五六年）依照王莽的制度起明堂、辟雍、灵台；明帝依他的制度，坐明堂朝列侯，升灵台望云气，又亲临辟雍行养老大射讲经之礼，诸儒执经问难。这种汉代辟雍之制，到了后代还仿效着。

东汉十四博士，仍是今文之学，但《左传》在东汉却很有优势。章帝初年，令贾逵自选十二个高才生，将《左传》教给他们。后来又诏诸儒各选高才生受《左传》《毛诗》《古文尚书》。后来几个著名学者，如贾逵、服虔、卫宏、马融、许慎，大都是古文的大师。东汉晚期郑玄遍注群经，不分今古，尤称为传注的集大成。总之经学上虽有今古学之分，但根本上的差异也很难说。清代晚期的学者一定要分别今古，强立门户，惟今是取，惟古是去。那便止有一个《公羊传》的何休注可以根据，其余的书全不能读了。其实今文学者也只能代表西汉，何尝是孔子的真呢？

到了唐初作《五经正义》，《易》用王弼注，《书》用晋人的《伪古文尚书》和伪孔安国传（郑玄的《易注》和《尚书注》便亡失了），《诗经》用毛传和郑玄笺，《礼记》用郑玄注，《左传》用晋杜预注（服虔注的《左传》便亡失了）。后又加入郑玄的《周礼》和《仪礼》注，完全是调和王肃和郑玄两派的结果。

对于两汉的经学要讲微言大义，根本是没有一定办法的事。倘若要讲名物训诂，那就不惟许、郑为一代的大师，即是魏晋的《伪古文尚书传》也未尝不可以参证。至于要讲历史，那更是原文具在，班固对于刘歆还算相当公正，并不如何袒护的。

东汉的佛教已见前述，现在再说东汉的道教。在战国的时候燕齐的方士早已盛行，他们都生在滨海之区，应当和航海者的传说有关的。最初一步是要访问神仙去求仙药，以求长生不死。然而秦始皇的大批求神仙，结果功用渺然了。因此方士便除去"求"之外还要"炼"。他们炼的药主要的用的是朱沙，再辅以其他的药，魏伯阳的《周易参同契》，便是一个主要的丹书。其次便是应用符箓，驱神骇鬼，这是和巫术有关的。又其次便是和阴阳之说联系，作成经典。在汉哀帝时候，夏贺良曾经献《元包太平经》，汉哀帝曾经一度改元。到东汉时候，宫崇和于吉作《太平清领书》，后来张角的太平道，便是根据这"太平"二字称之。这部书现在还存在到《道藏》的太平部中。在东汉的末年，张陵为五斗米道，在蜀授徒；后来黄巾的领袖张角便从他们徒中衍出，他的孙子张鲁后来也据有汉中，张鲁的子孙世袭为天师道。天师道在晋代的士大夫中，占有很大的势力，而赵王伦、孙秀、卢循以及琅邪王氏大都是天师道的信徒。

虽然，道教的发展，是始于东汉时代，但民间的正统信仰，却非道教所能包括。道教起源于神仙、阴阳和巫术，并不能说是中国民族宗教的正宗。假如要讲民族的宗教，那就至少可以追溯到周，并且殷代也和此不甚相远。现在找着的大致痕迹，是将天神、地祇、人鬼三个系统整理好，而最终归结于上帝。上帝虽然有人格，然而并不是死去的人。只有天神和地祇是间或将人鬼分配去。凡不在祀典的都叫做淫祀。在上帝领导下之天神、地祇和人鬼，凡天地山川只能由天子和诸侯祭祀，士庶以下只能联合来组织"社",和祭自己的先人。(这些一个一个单独的社,后来在县城的发展为城隍庙,在乡镇和街市的发展为土地堂,这才是真正的民族正宗祭祀。)所可惜的上帝的祭祀为天子所专有,社的功用虽然对于联络一个小地方的人确有其贡献,但无法联络全国的人成为有系统的宗教。不过民社的祭祀直到《大唐开元礼》仍然是承认的。总之,汉以来广大的民众信仰和广大民众组织中,社是一个重要的寄托。从中国民族文化观点看来,只有民国十七年内政部认为坛、庙、社一类的"古神"俱在废除之列,显然是一个严重的错误。好在并未尽实行,大部分坛庙的纪念建筑还保存下来。不然那就草拟的人,更对不住中国民族祖先的文化了。

汉代一般人的物质生活状况,是大致可以知道的。至少在战国的初期已经在黄河三角洲使用耕牛和铁犁了。这种农业的发展影响到当时的经济状况。到了秦代已经通用一种官铸的半两钱;在汉初虽然一度允许人民私铸,然而到武帝时候铸了比半两钱轻而手工精细的五铢钱,成为货币的典范。许多大的城市发展了。在城市之中有许多自由的手工业者,而各处的土产及工艺制造品便由商人贩卖向其他的地方交换。在都市之中大约可以容纳五百家至一千家的面积构成一亭，有一个亭长来维持治安。其一个城市之中划出几个商业区称为市，有市长或市啬夫来管理。在乡下有不少的田地是属于地主的，自己经营的地主雇人来耕种叫做客，但有更多的是交给佃户，对于地主的租谷大约是收获量百分之五十。奴隶在汉代的使用也甚为普遍，汉代初年在蜀的富家便有几百个奴隶（或者是僰人）替他工作。然而后来奴隶的价格相当的贵，对于资本的利息是不合算的。只有富贵之家才能大批使用，因此奴隶的使用只限于富贵之家的家庭工作，对于社会的生产并无多大的关系。社会上的生产劳动，还是属于雇佣方面的，即汉代所谓客。

汉代的运输工具主要的是舟和车。当时长江一带缘江上下早已利用舟船了；海船也利用到相当程度，从会稽到交州各郡，便是利用着海道，当时是经过临海（台州）、东冶（福州）到番禺和龙编（河内）。而长江上游则沿巴蜀而下也是利用舟船，巴郡的郡治江州（重庆江北）便是巴蜀舟船集中之处。汉代的车可分三种：一种是大车，一种是小车，另一种是手车。大车是双辕，并且是直辕的，专供运输之用，和现在北方的大车相似的；这种车用牛驾的叫做牛车，用马驾的叫做辇车。小车本是古代的兵车，本来是单辕而曲辕的，单辕的车是辕旁驾两马叫做服马，服马之外套两马叫做骖马。不过汉代虽然用曲辕，却有改成双辕驾一马的了。本来是立乘，但汉代也有坐乘加上车茵的了。这一种小车，凡传事的轺车，以及天子和官吏法驾都属于这一种。大车上面是席篷，小车上面是伞盖。至于手车汉代名叫鹿车，和现在手车略同的。汉代平常用的牲畜只有牛和马，驴是西域来的，还不普遍使用。汉代的道路，在现在南方不能使用车的；汉代都有车道，在山谷崎岖之处就用木架成栈道，直到唐宋以后，火药发明，开山容易，栈道才渐渐废了。

汉代宫室的基本形式，大略和现在相差有限，以四合院为主而变化的。房屋用的是木架；比较华丽的房屋，用来支持檐的也用斗拱，斗拱的形式从现存的石阙还可看出来。房屋上用的是瓦，宫殿用的是双层筒瓦。窗户未用纸糊，是用帷帐挡上，凡华丽的屋子，帷帐也就华丽了。屋内的陈设只有几案，并无椅凳，不论朝会的宫殿，或者住家的屋宇，都是席地而坐，席越厚越华美，便越讲究，不过睡还是在床上。至于园池台阁楼复道之类，汉代都是有的。凡讲究的地方，也有壁画，壁画所画的题材从现存祠堂画像刻石是可以知道的。

汉代的衣服，富贵的人用种种的采丝织品，其次用单纯的缣帛，简单的便用麻织成的布，棉花尚未传来。到冬天的时候用羊裘、狐裘或丝絮，装在衣里面。汉代男子的衣服是分成两截的，上面是衣，下面是裳，裳是裙子。将衣裳缝到一块儿的叫做深衣，长衣上下不分的叫做襜褕。凡衣裳都缘一条宽边，腰中用一个腰带在外面。至于军中之服，那就上面是短衣，下面是裤子。汉代人男子也留着长头发，上面加上丝巾或布巾，巾上再戴上冠。下面穿的是丝履或麻履，丝履的底大抵用旧缯帛或皮革作成的，麻履的底便是麻织的。妇人梳髻，上戴步摇等金银饰物，下着和男子相类的履，只是装饰更多些罢了。妇人所穿的衣服是一个长袍，不分上下，再在腰中系一个一寸宽的丝带。

　　汉代人书写是用竹简或木简的，简的宽约汉尺五分（今三分半），长约汉尺一尺（今七寸）。假若写成书，便用几根绳子如同编竹帘子一样的编到一块，卷一卷便称作一卷。通信时用比较宽的简，约宽汉尺二寸（今一寸四分），两个或三个简相叠，用绳系上，然后再在绳的接口处封上泥丸，再用印盖在泥丸处，寄信的人便不能在中途拆开了。假如是公文，上面还套一个布袋，在布袋上也系了绳子，盖上泥封的印。汉朝人用的笔和现今的笔相似，是用兔毛作的。据汉代记载和新发见的汉代实物都有砚，可见汉时已用胶作墨丸了。据现在新发见的汉代木简，也都是用笔和煤烟的墨写上的。当然用笔和墨比汉代更早，可以上推到商代，不过砚的应用可以推到汉代的。到东汉顺帝时蔡伦发明了纸，尤其是古今的伟大贡献。

在春秋战国时代，长江流域大都是很多的沼泽，但在战国时代楚人已渐次开发了，汉代对于长江流域的开发也极为积极进行。汉武帝对于会稽便大批的徙民，到东汉顺帝时比西汉平帝时江南一带人口更有显著的增加。本来，稻在中国是珍贵的粮食，长江流域的开发，显示稻的增加。然而黄河流域，还是以粟和麦为主。据长城下汉简的记载，军粮也是用着粟和麦的。用粟作饭，用麦作饼。现在的面包，在汉代也属于饼的一类。

附录

战国时代的战争[①]

第一章　战国时代的大势与军队组织的演进

从春秋到战国，在中国文化史上是一个大进展，尤其显著的是人口的增加和土地的开辟，在春秋初期的"蓬蒿藜艾"，到春秋后期就成为"鸡犬相闻"。这种显著的进步，使得各种政治、社会和经济，起了非常大的变化，成为秦汉大帝国成功的第一步。

春秋晚期农业生产的进步，应当是一个值得注意的事。在这以前是比较粗放的，到这时候，犁和牛的使用，以及铁耕的使用，使农业生产开了一个新的境界。然后水

---

① 　本文系《中国上古史稿》第五本第 4 章，审查人为杨联陞、许倬云二位先生。……本文之姊妹篇《论战争方法》一文，将刊于《集刊》第三十七本。

利的广泛应用，以及"尽地力"的学说随着出来，都催促了农业生产进步，来生产更多的粮食，也就可以养活更多的人口，使大都市发展起来，商业和手工业也就随着在经济上占重要的地位。

从春秋和战国遗留下的器物来比较，就看出春秋和战国的器物，性质上有巨大的差异，春秋器物还是袭殷及周初的传统。铸金是一种艰难而郑重的事，所以称为"重器"或"宝器"，是在贵族的养活下，世传的匠人来做的，做出来的器物是丝毫不苟，可是变化并不太大。到了战国，器物变为多采多姿，并且除去铜器以外，漆器也非常精美，只是有些方面就不免偷工减料，不如春秋以前的厚重，这就表示战国时代的艺术已经有些商业化，工匠们的生活已脱离了贵族的豢养，而变成独立经营。在《论语·子张篇》中，已说到"百工居肆，以成其事"[①]，这个"肆"，就代表私有的场所，不属于官营事业的工作室。《墨子·尚贤篇》也说到"工肆之人"[②]，尤其在《孟子》的《滕文公篇》，更显明指明职业上分工的重要，他说：倘若不能有工作上的交换，那就农夫有了过剩的粮食，妇

---

① 《论语》（《十三经注疏》）本《子张》篇，XIX/2b。
② 《墨子》（上海，涵芬楼影印明嘉靖癸丑刊本）《尚贤》篇，II/3a。

女有了过剩的布；如果有了工作上的交换，那就木匠、车匠都可以获得食物①。他又说：农夫拿粮食来换取用具，陶工和金工就拿用具来换粮食②。这就表示着这些手工艺者都是城市的自由人，他们有他们自己的场所，来经营他们的事业，这是很清楚的；和汉代以后的情形已经一样了。

从殷虚的遗址来看，商代都城的规模并不太大，住民也并不太多，不过现在发现的，可能只是其都城的一部分，因为郑州在商代的城垣已和清代大致一样了。西周丰镐的情形还不清楚，依照当时经济发展情形来说，似乎不会有较大的规模。到了战国，如同所谓苏秦向齐王叙述的，临淄城已有七万住户，那就住民可达二十万至三十万人，绝不是殷商及周初时期所能想象出来的。虽然《战国策》记苏秦张仪的言论，都是在战国晚期写成的，并非对于苏张诸人真实的记述，不过其中描述的状况，对于战国晚期仍然相符。临淄不是短期发展出来的，在战国初期的规模仍然绝不会太小。

关于战国时代人口数目的增加，在《战国策·赵策三》，有一段很好的叙述：

---

① 《孟子》（《十三经注疏》本）《滕文公下》篇 VIa/8a。
② 同上，《滕文公上》篇，Vb/2a。

赵惠文王三十年，相都平君田单问赵奢曰："吾非不说将军之兵法也，所以不服者，独将军之用众。用众者，使民不得耕作，粮食挽赁不可给也；此坐而自破之道也，非单之所为也。单闻之：帝王之兵，所用不过三万，而天下服矣。今将军必负十万、二十万之众乃用之，此单之所不服也。"

　　马服曰："君非徒不达于兵也，又不明其时势。夫吴干之剑，肉试则断牛马，金试则截盘匜；薄之柱上而击之，则折为三；质之石上而击之，则碎为百。今以三万之众，而应强国之兵，是薄柱、击石之类也。且夫吴干之剑材难，夫无脊之厚而锋不入；无脾之薄而刃不断。兼有是两者，无钩、罕、镡、蒙须之便，操其刃而刺，则未入而手断；君无十余、二十万之众，而为此钩、罕、镡、蒙须之便，而徒以三万行于天下，君焉能乎？且古者，四海之内，分为万国。城虽大，无过三百丈者；人虽众，无过三千家者。而以集兵三万距此，奚难哉？今取古之为万国者，分以为战国七，能具数十万之兵，旷日持久，数岁。即君之齐已，齐以二十万之众攻荆，五年乃罢；赵以二十万之众攻中山，五年乃归。今者齐、韩相方，而国围攻焉，岂有敢曰'我其以三万救是'者乎哉？今千丈之城、万家之邑相望也，而索以三万之众，围千丈之城，不存其一角，而野战不足用也，君将以此何之？"都平君喟然太息曰："单不至也。"①

《战国策》是刘向汇集了从战国时期及汉代初期有关战国历史的许多片段记载，成为一部书，其中不是一时的记载，也不是一人的记载，其中可信的程度也绝不相等，不过这一段看来却是比较上可信的。这一段的叙述，正表示战国时代经济开发的结果，人口增加，大都市产生，因而战术上起了革命式的变化，旧日的战术不堪再用，必须增加军队的人数来适合新的情况。军队人数既然增加，即就军队中的组织、指挥方式、补给方式、防守办法，也就完全随着变动。

最显著的是车战的逐渐废止，改为骑兵及步兵。兵车是有它的特殊功用的，它比较徒步的兵士确实有许多优点：第一，兵车行动迅速，不是徒步的兵所能赶得上；第二，兵车有马在前去冲锋，而步兵用人肉搏，步兵是吃亏的；第三，兵车有车舆，防卫较好，而况兵车上的士卒不

---

① 《战国策》（上海，涵芬楼影印元至正十五年刊本）《赵策三》，VI/51a—53a。

必步行，因而可以穿着较厚的甲胄；第四，兵车上的士卒还可携带预备的武器，以备武器破坏时更换的用处。所以兵车和步卒相遇，兵车应当比步卒占优势的，这也就是古代要采用兵车的道理。

中国兵车的形式和两河流域、埃及、波斯、希腊、罗马是一样的，虽然两河流域及埃及的兵车开始应用的时代，是比中国要早些，所以兵车应用的方法是可以互相比较的，他们用兵车战争时，就是纯粹兵车，并不夹杂着步兵；那么中国古代应当差不多。商周牧野之战，据说武王用车三百乘。《诗经·小雅·采芑》说："方叔莅止，其车三千"①，这是西周盛时一个最多的数目。到了春秋时代，诸侯兵车之数，大都比此为少，例如：隐公元年，郑庄公"命子封帅车二百乘以伐京"②；闵公二年齐桓公"使公子无亏帅车三百乘、甲士三千人以戍曹"③；僖公二十八年，晋文公与楚战于城濮，"车七百乘"④；文公十四年，"晋赵盾以诸侯之师八百乘纳捷菑于邾"⑤；宣公二年，"郑公子归生受命于楚，伐宋……，宋师败绩，囚华

① 《诗经》（《十三经注疏》本）《小雅·采芑》，XII/10a。
② 《左传》（《十三经注疏》本）隐元年，II/18b。
③ 《左传》（《十三经注疏》本）闵二年，XI/10b。
④ 《左传》（《十三经注疏》本）僖二十八年，XVI/22a。
⑤ 《左传》（《十三经注疏》本）文十四年，XIX/16a。

元，获乐吕及甲车四百六十乘"①；成公二年，晋郤克以车"八百乘"伐齐②。所以，春秋时代军队的主力都是兵车，而每次出征兵车的数目都是不及千乘。至于闵公二年齐侯成曹用三百乘车，附属的步兵也不过十倍于兵车的数目。这样看来，有时应用步兵时，其步兵的数目比较兵车，其比例也不大的。这就和后来《周礼》的记述全不像了。

楚国的军制和中原军制不能尽同，不过据宣公十二年邲之战以前，栾武子说："其君之戎，分为二广，广有一卒，卒偏之两。"后文又说："楚子为乘，广三十乘，分为左右"③。卒的数目，据《司马法》是一百人，两是二十五人④。虽然《司马法》是战国的书，但其数目并无其他说法，那就这一项也许尚无大的变化。假如《司马法》可用，其中表示着楚王的卫卒有三十乘兵车，分为左右二广，每广有十五乘兵车，有卒一百人，这一百人再分为四

---

① 《左传》(《十三经注疏》本) 宣二年，XXI/6。

② 《左传》(《十三经注疏》本) 成二年，XXV/8b.

③ 《左传》(《十三经注疏》本) 宣十二年，XXIII/12a，16a。

④ 杜注《左传》引《司马法》(XXIII/12a) 与《周礼》(《十三经注疏》本)、《夏官司马法》相同，不过《周礼》说："凡制军，万有二千五百人为军。王六军，大国三军，次国二军，小国一军"(XXVIII/12a)，那春秋时三军的大国，应有三万七千五百人，若以千乘计，每乘有三十七人，这就和《左传》显然不同了。

两，每两二十五人。

不过照这样来说，就牵涉人数的分配问题，因为十五和三十，是三的倍数，而一百是四的倍数，把一百人的卒分为四两，和十五乘的数目不能适合，因此我怀疑楚国的卒可能是九十人，而两可能是三十人；或者卒是一百二十人，而两是四十人；总之，一卒是靠近一百人的数目。平常兵车是四马三人，十五乘是四十五人，如一卒为九十人，那就是有四十五人作为预备的步卒；如一卒为一百二十人，那就是有七十五人作为预备的步卒。总之无论如何计算，和《战国策》所记，完全是一种不同的制度。

因为从春秋到战国，步卒的用处渐广，于是步卒的数目和车的比例逐渐增加，在记载上就会有显然不同的情况，即如《司马法》一书，就自相矛盾，现在举例如下：

（1）郑玄注《周礼·小司徒》引《司马法》：

六尺为步；步百为晦；晦百为夫；夫三为屋；屋三为井；井十为通。通为匹马，三十家，士一人，徒二人。通十为成，成百井，三百家，革车一乘，士十人，徒二十人。十成为终，终千井，三千家，革车十乘，士百人，徒二百人。十终为同，同方百里，万井，三万家，革车百乘，士千人，徒二千人[①]。

（2）《左传》成公元年《经疏》引《司马法》：

……四井为邑；四邑为丘，丘有戎马一匹、牛三头，是曰匹马丘牛；四丘为甸，甸六十四井，出长毂一乘、马四匹、牛十二头、甲士三人、步卒七十二人，戈楯具，谓之乘马[②]。

郑注《论语》"道千乘之国"，亦引《司马法》："革车一乘甲士三人，步卒七十二人。"与《小司徒》郑《注》不同，贾公彦谓"为畿外邦国之法"，可能是后起之法[③]。照前说：百井为成，出车一乘、士十人、徒二十人；百里之国，堤封万井，出车百乘、士千人、徒二千人。照后说：百里之国，堤封万井，出车一百五十六乘、甲士四百六十八人、步卒一万一千二百三十二人，这是一个奇零的数目。但是照贾公彦的《周礼·地官·小司徒》

---

① 郑玄注《周礼·小司徒》引《司马法》，XI/6b—7a。
② 《左传》成公元年《经疏》引《司马法》，XXV/1b。
③ 郑玄注《论语》（见《周礼》，XI/1b）。

疏的解释谓："宫室、涂巷，三分去一"①，所以堤封万井，实得兵车百乘、甲士三百人、步卒七千二百人。所以，依前说，每车一乘，实得士卒三十人；依后说，那就每车一乘，实得士卒七十五人，并且这七十五人的分配，是兵车上三人，附牛车十二辆，每辆载士卒六人。这种兵车附有士卒的差异，只有当作是两个不同时期的制度才合适。

以现在猜想：《司马法》前制，大概是依照战国初期情形设计的；《司马法》后制，大概是依照战国晚期情形设计的。《孙子·用间篇》："怠于道路不得操事者，七十万家。"②正可证明《孙子》出于战国晚期，不惟不可能出于孙武之手，就是孙膑之名也是出于依托。《淮南子·兵略篇》③："吴王夫差地方二千里，带甲七十万"④，当然也是根据战国晚期的记述。至于《史记·周本纪》：

---

① 贾公彦疏《周礼·地官·小司徒》，XI/10a。

② 《孙子》（长恩书室丛书本）《用简篇》第十三，16。天子之地方千里，为百里之国百区，如百里之国出车百乘，有兵卒七千二百人，则天子之畿可出万乘，步卒七十二万人；战国时的秦加上二周，当然是可以的，可是西周时代，大概当没有这样多的户口。

③ 编者按：应为《淮南子·兵略训》。

④ 《淮南子》（上海，涵芬楼影印刘泖生影写北宋本）《兵略篇》，XV/15b。

"帝纣闻武王来，亦发兵七十万人距武王"①，也显然是根据战国晚期的话，因为依照现存殷墟的规模，绝不可能容纳下七十万人那样庞大的军队。

第二章　三家分晋的开始及魏国的盛衰

（甲）三家与知伯之战及均势时期

战国的局面，是从三家分晋以后，使得晋的力量分散，相对的，使得秦和齐的地位增强，从此，晋国独霸中原的局面，变成为第一步是九国的局面，再变为七雄的局面。

晋国的卿本有十一族，魏、赵、狐、胥、先、栾、郤、韩、知、中行、范，最后成为韩、赵、魏、知、范、中行六卿；其中以知氏为最强，知伯瑶先率赵氏及韩、魏灭范、中行二氏，于是晋国只有知氏及韩、赵、魏四卿，而晋的国政全由知伯决定。最先，知伯完全占有了范氏和中行氏的地。以后知氏向韩氏及魏氏请地，韩、魏把邑给予知伯。知伯再向赵氏请地，赵氏不与，在公元前

---

① 《史记》（上海，涵芬楼影印南宋黄善夫刻本）《周本纪》，IV/10a。

四五五年（周贞定王十四年）知伯率领韩、魏共攻赵氏。

当时赵襄子（赵无恤）据守的根据地是在晋阳①。在知伯伐赵以前，赵襄子知道知伯一定要伐赵，因此他和张孟谈商量。张孟谈说：晋阳曾被赵简子②的才臣董阏于治理过，一切有关城郭、仓廪、府库的积蓄，是完美的；并且在晋阳有公宫③，墙垣都是用坚实的蒿苇来做墙心，可以做箭材，而公宫的柱础用炼铜来做，取出来就可以做兵器用，这样晋阳就可以坚守了。

知伯和韩、魏的联军攻晋阳，攻围不下，最后决晋水灌晋阳④，晋阳城几乎沉没下去了。在这危急之中，韩、魏和赵氏联合起来，反攻知氏，并且决水攻知氏的军队，知氏军队大乱，知伯被杀。

知伯的亡国在公元前四五三年（周贞定王十六年）；开始决水攻晋阳的日期，现在不明白，《战国策》说攻赵

① 晋阳在今山西晋源县（旧名太原县），在汾水的西岸，从战国以后直到唐代，一直为山西区域的重要据点。到宋代初年，平定北汉，为着更容易防守，将太原县移到汾河东岸，即今太原市。

② 简子，赵襄子的父亲，此段见《战国策·赵策一》，V1/2。

③ 指借晋侯住居的宫。

④ 《战国策·赵策一》说："城下不沉者，三板"（VI/4b）；《史记》："城不浸者三版"（XIII/14a），表示筑城之法是用板筑。如晚周之城燕下都、邯郸，以及洛阳等。

三月就决水去灌，一直围困了三年，这是不太合情理的，因为每个城并非都可以用水去灌的，假若可以用水去灌，那就无法支持一个长的时期不被攻下。

对于三家和知伯的战争，可以有一些启示：第一，用蒿或苇夹泥土来筑墙垣的，在敦煌汉代长城就被发现过①。敦煌天气干燥，虽然经过了二千多年，被盐分浸过的芦苇还是很坚固的。山西也是一个干燥的地方，少数几年的筑墙的蒿苇，一定可以保存得很好，所以发出筑墙的芦苇做箭杆，是一个可能的事；第二，战事中消耗最多的还是箭镞，这里虽然未说明这些铜做什么用，不过和箭杆一齐来叙述，显示着铜和箭有相当的关系；第三，特别提示箭的需要，足证当时对于城的防守上，弓箭的重要性。

三家分晋以后，诸国的力量大致是在一种均势状态之下，比较上没有什么大战。从知伯之亡，前四五三年算起，其间比较重要的事，是：

---

① 见斯坦因《西域考古记》（上海，中华书局，1936）向达译，130–131。

前四〇八，魏文侯灭中山，命公子挚守中山[①]。

前四〇三，周王正式承认韩、魏、赵为诸侯[②]。

前三七六，韩灭郑，从平阳徙都阳翟（今河南禹县）。

[①]　中山本白狄鲜虞之后，魏文侯灭中山，以封其子挚，是为中山武公。沈钦韩《汉书疏证》（光绪二十六年浙江书局刊）《人表考中中》云：按《本纪》："桓公卒，子威公代立为西周君耳。河南之外，一民尺土，皆非周有，何得为中山之君乎？"……《魏世家》："文侯十七年伐中山，使子挚守之。"《说苑》："奉使云：文侯出少子挚封中山，而复太子擎。"（编者按：引文不尽确，此即文侯先封太子擎于中山、舍人仓唐奉使劝文侯复太子。）……《魏世家》："中山君相魏……"此是魏所封，赵灭之。……盖姬姓之中山灭于魏文侯，魏所封之中山又灭于赵主父，而《赵世家》及《年表》皆倒置中山武公之文于文侯灭中山之前，故迷惑难考，何以明之？若使中山武公尚是旧时之君，则彼不数年而亡，《史》取之何义？若以为中山本未尝亡，则魏克其地而守之，又何处也？是中山武公为魏所始封，以其大事也，故记之耳。（《人表》所注，上下文不相连，有脱误。徐广不知，袭之以注《史》。）（IX/46–47a）其说甚是。钱穆《先秦诸子系年考辨》（香港，大学出版社，1956）上册《中山武公初立考》（166–168），更有详细补充。至于战国各王年代，《史记》在齐、魏、韩各国均有错误，而以齐、魏为太甚，与《孟子》及《战国策》均不相合。自《竹书纪年》发现后，始能改正其错误。《竹书纪年》本战国晚期之书，所记商、周之事，多据战国杂说，不可引为典要，但所记战国年代，则正可补《史记》之不足。惜《纪年》原本已亡，今本《纪年》出于宋、明人所辑，方法甚不谨严，不可用，现在以王国维《竹书纪年辑校》（海宁，《王静安先生遗书》第三十六册）最为完备。雷学淇《竹书纪年义证》（台北，艺文印书馆据排印本影印，1951）虽在王氏之前，创获亦多，钱穆《先秦诸子系年考辨》亦有不少可用者。其对照年代，则参考杨宽《战国史》（上海，人民出版社出版，1955）所附表（247–273）。

[②]　403B.C.为周威烈王二十二年，此年为《资治通鉴》开始之年。

前三六四，秦献公大破魏于石门（今陕西泾阳县）。

前三六二，魏惠王徙都大梁（今河南开封市）。

从此以后，秦的势力才开始发展。当时秦并非魏的大患，魏的发展方向还是在东方，魏的迁都大梁，与其说是避秦，不如说找一个向东用兵方便之地，更为合适一些。

当春秋时期，晋国的领土已经过了黄河，到了三家分晋，魏和秦接境，在战国时的发展，是：

前四一八，魏城少梁（今陕西韩城县）。

前四一四，魏城籍姑（今陕西韩城北三十五里）。

前四〇二，魏败秦郑下（今陕西华县）。

前三九八，魏伐秦，筑临晋（今陕西大荔县）、元里（今陕西澄城县）。

前三九七，魏伐秦至郑，筑雒阴（今陕西白水县）、合阳（今陕西郃阳县）。《史记·秦本纪》说："秦以往者数易君，君臣乖乱，故晋复强，夺秦河西地。"①此处的晋，是指魏而言。不过魏的伐秦只是乘机辟地，并无取秦地为根据地，用全力来击秦的决心，所以在秦献公五年（前三六四）秦献公破魏石门，斩首六万；七年（前

---

① 　《史记·秦本纪》，V/22a。

三六二）又破魏少梁，虏魏将公孙痤[1]。不过在魏看来，尚非腹心之患，所以后来全力向赵国和韩国发展，致有桂陵之战（前三五三）及马陵之战（前三四五），成为战国局面的转变之点[2]。

第三章　桂陵之战与马陵之战

桂陵之战（前三五三）和马陵之战（前三四五），是战国初期对于全局有关的战争。就当时情势而言，魏国是一个最强的国家，因为文侯和武侯两代已树立下坚固的基础，而惠王又是一个有为的君主[3]，更增加国家的声势。在魏惠王即位后到桂陵之战十七年中，魏国对于当时国际局

---

[1]　公孙痤应即后来魏相公叔座，见《战国策·魏策一》VII/5a.

[2]　三晋本来从晋分开，不是分封的诸侯，原来三家食邑参互错综，领土割裂穿插，为收取赋税尚无问题，可是攻守俱不便。魏国初期的优势，实由侵占秦地而来，可是受了韩、赵的牵制，也不能全力侵秦，所以魏惠王想先灭赵，却未把齐国可能的干涉打算在内。

[3]　文侯和武侯已经树立了魏国的基础，在惠王即位之初，和公中缓争位，韩、赵支持公中缓，围魏，后来韩、赵意见不同，韩主张分立惠王、公中缓为二国，赵主张全力支持公中缓。韩因意见不合，解围而去，赵军也就随着解围。所以魏惠王初年，还是相当艰窘的，但是经他的治理，在桂陵之战时期（353B.C.，即惠王十七年）魏国已是当时最强的国家了。

面的应付，大率是成功的，但魏惠王得意的时期太久了，对于和战问题不免疏忽，从桂陵之战起（前三五三），使魏的国力受到消耗。

最先，赵成侯伐卫，卫非常危急，向魏求救，魏也感到赵灭卫，魏也受到威胁，于是伐赵，进围邯郸①。齐威王便遣兵救赵，当时田忌为将，孙膑向田忌建议说：

> 救斗者不搏撠，批亢捣虚，形格势禁，则自为解耳。今梁赵相攻，轻兵锐卒必竭于外，老弱罢于内。君不若引兵疾走大梁，据其街路，冲其方虚，彼必释赵而自救。是我一举解赵之围而收弊于魏也②。

就在这年十月，魏军攻克了邯郸③。齐迫胁宋、卫等诸侯的军队，合兵攻魏的襄陵④，魏军还救，齐军大破魏军于桂陵⑤。在这个时期，楚宣王也派军北上，攻取了魏的睢

---

① 《战国策·秦策四》，III/80a；又《史记·赵世家》，XIII/18a；又《史记·魏世家》，XIV/7b。

② 《史记·孙子列传》，X/3。

③ 《史记·田齐世家》，XVI/12a。

④ 《水经注》（上海，涵芬楼影印武英殿聚珍本）《淮水注》引《纪年》，XXX/14b。《史记·田齐世家正义》：“襄陵故城在兖州邹县也。”XVI/11b。

⑤ 桂陵在山东曹县东北。

水、濊水间地方①。前三五二年，秦国也派军攻入魏境，并且攻取了魏的旧都安邑②。

这一连串魏国的失败，并未对魏国作致命的打击，魏国仍有它反攻的计划。就在前三五二年，魏首先利用了韩、魏的联军，在襄陵击破了齐、宋的联军，齐国只好转请楚国景舍向魏求和③。到前三五一年，魏再把邯郸归还给赵，魏王和赵王在漳水上结盟④，这样魏对于东方的局面得到安定了。就在前三五〇年，魏就和秦在彤相会。相会的结果不知道，不过此后安邑仍然属魏，而上郡到秦惠王十年（前三二八）才被秦占去，那就是魏国在此会中大致用外交的方法，索回对秦的失地了⑤。

桂陵之战虽然魏一度失败，但到了最后似乎并无多少领土上的损失，所以魏的国势并未减削。对魏国前途来

① 《战国策·楚第一》，V/2a。

② 《史记·秦本纪》，V/24a。

③ 《水经注·淮水注》引《纪年》，XXX/14b-15a。这次战争，韩国的加入魏方，是一个关键。韩国加入的经过现在史料不够，无从知道，不过，看情形是韩国先守中立，等到各国都有损失以后才加入的。韩国加入战争，一定得到某种有力的条件，现在也不知道。

④ 《史记·赵世家》，XIII8/18b。

⑤ 在今陕西华县，见《史记·魏世家》，XIV/8a。《战国策·齐策五》言：魏王"西围定阳"（IV/48b）。大致其前曾击败秦。

156

说，最好是及时收束，保存实力，那均势的局面还可继续维持；如其不然，那就避免刺激东方，专得寸进寸得尺进尺，向秦蚕食，以除后顾之忧[①]。不料魏惠王好大喜功，在前三四四年（魏惠王二十六年），召集了逢泽之会，想做诸国的盟主[②]。等到逢泽之会相当成功，再僭用了天子的仪仗，打击了其他邻国的自尊心，原来的盟国韩国也背弃了，但做惯领袖的魏国并不能忍受下去，举兵伐韩，因而

---

① 后来汉武帝为对付匈奴，先掌握西域；诸葛亮为对付北方，先平定滇南，为比较上迂回而正确的办法。

② 逢泽在今开封市东北，这个会应由魏召集的。《史记·秦本纪》《周本纪》及《六国年表》虽然称由秦召集，不过司马迁的纪年以《秦纪》为基础，此处显然是秦人曲笔。《战国策·秦策四》："魏伐邯郸，因退与逢泽之遇，乘夏车，称夏王，朝为天子，天下皆从"（Ⅲ/80b-81a）；又《战国策·齐策五》："魏王拥土千里，带甲三十六万，其强而拔邯郸，西围定阳，又从十二诸侯朝天子，以西谋秦，秦王恐之……卫鞅见魏王曰：'大王之功大矣，令行于天下矣。今大王之所从十二诸侯，非宋、卫也，则邹、鲁、陈、蔡，此固大王之所以鞭笞使也，不足以王天下。大王不若北取燕，东伐齐，则赵必从矣；西取秦，南伐楚，则韩必从矣。大王有伐齐、楚心，而从天下之志，则王业见矣。大王不如先行王服，然后图齐、楚。'魏王说卫鞅之言也，故身广公宫，制丹衣，柱建九斿，从七星之旗。此天子之位也，而魏王处之，于是齐、楚怒，诸侯奔齐，齐人伐魏，杀其太子，覆其十万之军。"所以魏惠王是先召集了逢泽之会，做诸侯的盟主，在会后又受了商鞅的欺骗，僭用了天子的仪仗（不过大致还未称王，齐、魏相王是以后的事，在334B.C.），因而魏国变成了孤立的局面。逢泽之会应由魏惠王主盟，钱穆《先秦诸子系年》83节曾有详考可参看；杨宽《战国史》亦曾论及，不过杨氏认为：魏惠王僭天子即在逢泽之会，（转下页）

发生了马陵之战。公元前三四四年，魏国攻韩，韩向齐求救。这个战事一直相持了一年多，到公元前三四三年十二月，齐、魏才在马陵遭遇（今山东省鄄城东北），魏将庞涓自杀，魏太子申被俘而死[①]。

关于这场战役，《史记·孙子列传》中说的比较详细，它说：

> 魏与赵攻韩，韩告急于齐。齐使田忌将而往，直走大梁。魏将庞涓闻之，去韩而归，齐军既已过而西矣。孙子谓田忌曰："彼三晋之兵素悍勇而轻齐，齐

（接上页）大概是不对的，因为逢泽之会，魏君率诸侯朝周，当时只想做盟主，不会同时僭王礼的（162）。至于钱氏说："又按《秦本纪》：孝公'七年，与魏惠王会杜平'；《年表》亦云：'与魏王会杜平'，时为魏惠王十六年。《韩世家》：懿侯'五年，与魏惠王会宅阳'；据《表》，会宅阳在惠王五年，然史公于韩系实有误，则宅阳之会在何年，尚待考。惟梁之称王，远在徐州相会之前，此又一证也。"（《先秦诸子系年》上册，256）。今案《史记·魏世家》："《索隐》曰：按《纪年》，惠成王三十六年改元称一年"（XIV/10a），是在适在徐州相王的时候，所以魏惠王的改元，系因称王而改元；此外秦惠王十四年改为元年，也是由于称王而改。所以魏惠王的称王，似以在徐州相王时才改为是（《史记》称魏君为惠王，亦是信笔而书，在此未曾思索）。

① 《史记·孙子列传》："《索隐》曰：王劭按《纪年》，梁惠王十七年，齐田忌败梁桂陵，至二十七年十二月，齐田盼败梁马陵。"（V/3b）十二月应为夏历十二月，实际上已到了342B.C.了，因为不详日子，无法换为新历，所以仍书十二月。

号为怯，善战者因其势而利导之。兵法，百里而趣利者蹶上将，五十里而趣利者军半至。使齐军入魏地为十万灶，明日为五万灶，又明日为三万灶。"庞涓行三日，大喜，曰："我固知齐军怯，入吾地三日，士卒亡者过半矣。"乃弃其步军，与其轻锐倍日并行逐之。孙子度其行，暮当至马陵。马陵道陕，而旁多阻隘，可伏兵，乃斫大树白而书之曰："庞涓死于此树之下。"于是令齐军善射者万弩，夹道而伏，期曰："暮见火举而俱发。"庞涓果夜至斫木下，见白书，乃钻火烛之。读其书未毕，齐军万弩俱发，魏军大乱相失。庞涓自知智穷兵败，乃自刭，曰："遂成竖子之名！"齐因乘胜尽破其军，虏魏太子申以归[1]。

这是一个很著名的故事，但是其中还有小说化的地方，未可全信，因为：（1）马陵之战是相持已久以后之战，《史记》所说好像战事一发生就决胜负，于实际情况不合。（2）马陵在大梁东北，不在大梁西南，《史记》称齐兵已过大梁而西，于实际情况不合，所以纵令减灶和

---

[1] 《史记·孙子列传》，V/3b–4b。

伏弩两件事是真实的，也得加以斟酌才可以；依照《史记索隐》引《纪年》，马陵之战在魏惠王二十七年十二月，显然这是一个年终的撤退，齐军不是过大梁西进，而是向临淄东退，庞涓看到减灶的情况，认为齐军已溃，冒险轻进，以图立功，遂在马陵被伏弩击溃，这使得魏国的地位大为衰落。

到前三四一年（魏惠王二十九年），齐、赵和秦相继伐魏[①]。据《史记·商君列传》，商鞅遗魏将公子卬书，希望和公子卬相见罢兵，公子卬和卫鞅会盟，卫鞅伏甲虏公子卬，因再击破魏军，于是秦据有魏国河西许多地方[②]。

秦对魏是根据商鞅的原则："秦之与魏，譬若人之有

---

① 《史记·魏世家》："《索隐》曰：'《纪年》：二十九年五月，齐田盼伐我东鄙；九月，秦卫鞅伐我西鄙；十月，邯郸伐我北鄙。王攻卫鞅，我师败绩。'"（XIV/9a）按年月当以《纪年》为是，不过《史记》要稍详细一些。大致是公子卬先被俘，魏王亲自攻秦又遭败绩。公子卬被俘以后，后来一直在秦，未送他返魏。《秦本纪》："（惠文君）七年，公子卬与魏战，虏其将龙贾，斩首八万。"（V/25b）当即此人，所以公子卬绝非惠王之子，可能只是魏国的公族，所以受秦的利用。编者按：据《史记·苏秦列传》："惠王使犀首攻魏，禽将龙贾，取魏之雕阴。"犀首，即秦大良造公孙衍。

② 《史记·商君列传》，VIII/5b–6a。又《秦本纪》："（惠文君）十年（328B.C.），魏纳上郡十五县。"（V/26a）在此十三年以后，所以以此次伐魏所得，只是河西的一部分。

腹心疾，非魏并秦，秦即并魏"①，它的对策是集中全力攻魏，所以接着在前三三八年又和魏在岸门接战（今山西河津县南），俘虏了魏将魏错。

魏在这个时期不能不对东方的齐表示屈服。为着联络齐国，在前三三四年采用了魏相惠施的路线，率领了各小国的国君，到徐州（今山东滕县东南），和齐威王相会。这次大概把齐威王尊为盟主②。齐也得到相当的满足，和魏得到一时的和平。

不过秦国对于魏国的进攻都未曾停止，屡次战役结果，不仅河西地全部入秦，河东的焦（今河南陕县东）、曲沃（今山西曲沃县）、汾阴（今山西荣河县北）、史氏（今山西河津县西）也都被秦攻占，直到前三二九年（秦惠王九年，魏惠王后元六年）魏和秦讲和，秦归还魏的河东地方，魏也把河西十五县，南北七百里的地方，正式割给秦国。从此以后，秦完全据有黄河之险，地位稳固了，

---

① 《史记·商君列传》，VIII/5b。

② 《史记·田齐世家》："（齐）起兵击魏，大败之桂陵，于是齐最强于诸侯，自称为王，以令天下。"（XVI/12a）按齐的称王，是魏国致送去的，而且是在马陵之战以后，不是在桂陵之战以后，不过此时齐的地位增强许多，为诸侯之长，却是事实。

秦惠王就在前三二四年正月正式称王[①]。

第四章　合纵连横与当时的和战

魏的衰落和齐、秦的强大，使得战国的时局有了一个出人意料之外的变化。本来周室是天子，周室衰微，晋国兴起，使人们觉得有以晋继周的可能；魏国据有故晋的中心，正够上这一个资格，魏惠王的虚矫行动，也未尝不是受到这种鼓励，但是魏惠王失败了，变成了一个平常的国家了。三晋二周的人士，自然会想到如何处理这个时局。

在春秋晚期，为了时局问题，宋国的人曾想到弭兵运动，这是因为战争对于宋国有切身的利害，而且发动的宋国贵族，目的是维持现状，而不是为取得本身的富贵。战国中期也是问题时代，但发动纵横运动的是三晋二周之人，一方面由于拥魏的可能归于幻灭；而另外的，他们都是平民或者是没落的贵族，想造成一个新的局面来取得富贵。

合纵连横是以韩、魏的立场为主的，此时韩、魏两国

---

① 据《秦本纪》，十四年更为元年（V/26b），即324B.C.；韩的称王则在325B.C.。秦、韩是同时称王的，不过秦正式改元在次年，故今以改元算起。

以外，东西南北都是敌人，也都可以做朋友，问题是怎样去选择。对于秦或齐的争取，应当都算连横，对于楚或赵的争取，应当都算合纵；"横成则秦帝，纵成则楚王"实是比较晚期的说法。

纵横以外，另外一种办法，是韩、魏易地，这样韩魏的军队比较容易调动而谋复兴的前途，因为魏此时主要的区域是河内及河东，而中间隔了一个韩国的上党，韩国主要区域是韩国的颍川和上党，而中间却隔一魏国的河内，所以韩、魏希图把领土交换一下，以便于攻守，交换的办法是魏拿河东来交换韩的颍川；交换的结果是韩得二县魏亡二县（并且颍川河南西部富力实不如河东），但魏国尽包二周多于二县。在易地之后，韩得到晋国初期的形势，而魏则可以继承周室的地位，两面都是光采的。二周被魏包围，却非常恐慌，于是联络楚、赵来制止，于是韩、魏交换领土之事未曾成功①。

韩、魏在军事上没有更好的出路，只有利用外交上解决的办法，这样纵横家就被政府支持而成为战国中期流行的策略。在战国初期当然是不需要的，到了战国晚期，纵

① 《战国策·西周》，I/8。上党（今山西东南部山地）分为两上党，在易地计划之中，两上党均属于韩，故韩几乎全有晋本部之地。

横之术也因为均势已经打破而过时了。

纵横之术都是失败的，连横的目的本来是造成以秦为盟主的和平局面①，可是秦的过去传统及客观形势，却是利于战胜攻取，所以主张连横的张仪及或横或纵的公孙衍，虽然都是魏人，都希望造成和平局面，因而对魏有利的办法，却始终未曾实现，显然的合纵、连横都有些变质了。

最先讲纵横的只是公孙衍和张仪，当时称为"一怒而诸侯惧，安居而天下熄"，二人都是魏人，而在秦发迹的。据《史记·秦本纪》：惠王五年（前三三三年），阴晋人犀首为大良造②；惠王十年（前三二八年），魏人张仪为秦相③；惠文王后三年（前三二二年），张仪为魏相④；

---

① 倘若只是对于秦统一四方的设计，就用不着连结诸侯了。其实合纵连横之术，还是从春秋盟会变来。齐桓是一个连横的局面，晋文是一个合纵的局面；魏惠王逢泽之会，也可称为合纵，齐、魏相王则是连横；只是当时公孙衍、张仪尚未出来罢了。

② 《史记·秦本纪》：阴晋即今华阴，时为魏邑；犀首为公孙衍的别名；大良造为秦官名（V/25b）。据《史记·秦本纪》："（孝公）十年，卫鞅为大良造。"（V/24a）当时卫鞅是秦相，所以"犀首为大良造"，亦即"公孙衍为秦相"。到惠王十年，才以张仪为秦"相"，那是采用了东方各国的名称了。

③ 《史记·秦本纪》，V/26a。

④ 《史记·秦本纪》，V/26b。

后八年（前三一七年），张仪再为秦相[1]；后十二年（前三一三年），张仪为楚相[2]。但是张仪在秦和楚间的策略是失败的，以致引起秦楚间的战争，彼此都有损失，张仪也被排斥，就在前三一〇年死在魏国[3]。

公孙衍与张仪是不和的，实际说来，公孙衍和张仪的策略，也不见得有多大的出入。当公孙衍做秦大良造之时，他就伐魏，在雕阴（今陕西鄜县）一战，俘虏了魏将龙贾，占据了河西的一部；等到张仪做了秦相，他仍回到魏国做魏国的将领。合纵之事，应当是惠施还在公孙衍之前，在魏惠王后十三年时（前三二二年）曾想"以魏合于齐楚以按兵"，但因秦伐魏取曲沃、平周，纵约未得到结果。惠施去职，起张仪为魏相，但魏国的政策仍然是摆

---

① 《史记·秦本纪》，V/26b。

② 《史记·秦本纪》，V/27a。

③ 《史记·张仪列传》《索隐》引《纪年》，X/19a。张仪为楚相，显然是秦送去的，其目的在破坏齐、楚间的和好。现存《战国策》的材料，有自相冲突之处，和《史记》材料亦矛盾（因为争执中心汉中六百里，和商於六百里实是一个地方，这个地方也就是上庸地方，和汉代称南郑为汉中的不同）。最近情理的可能，大致是秦、楚上庸的边界本来不清楚，张仪大致主张对边界让步，会楚伐齐，可是秦国政情复杂，张仪的允诺不曾兑现，引起了楚的伐秦，大战于蓝田，楚兵虽被击败，但秦军也一度危险，所以张仪在秦在楚都遭受不满（张仪主张以汉中与楚应即此时的事），最后只有到魏去逃避，就在310B.C.（秦武王元年，魏襄王九年）抑郁死于魏国。

动的，在前三一九年起用公孙衍为相，执行合纵的政策，韩、魏、赵、燕、齐，率领匈奴共攻秦。秦使庶长樗里疾抵御，在修鱼（韩邑，在今河南潏县）一战，虏韩将申差，败赵公渴、韩太子鱼，斩首八万。这一次规模大的合纵，归于失败了，秦在东方局面安定了，就在第二年（前三一八年）遣司马错灭蜀[①]。蜀既属秦，秦更富强了。前三一四年，公孙衍再伐秦，和秦在岸门（在今山西河津县）交战，又为秦所败，损失军员万人。秦又在第二年（前三一三年）派樗里疾伐赵，俘赵将赵庄。

现在所知道的，总是秦得到胜利，秦在此时国力已经比韩、魏强大得多，总是容易得胜；不过现在所据的史料，以《史记》根据的《秦纪》最为完备，魏方的《竹书纪年》只有残缺的片段，所以也不能断定魏方一次胜利也没有。

从现在残余史料来看，公孙衍的声望并未因伐秦失败而受严重的打击；反之，秦国对于他仍然相当的重视，在张仪死后，公孙衍一度相秦，和樗里疾、甘茂先后都做了

---

① 编者按：公元前三一八年，魏、韩等五国攻秦；前三一六年，秦派司马错灭蜀。

秦相①。接着，东方的著名人物是齐的孟尝君田文和赵国的奉阳君李兑联络东方各国的关系和秦来抗衡；最后齐湣王灭宋而消耗了齐的国力，并且引起他自己的自满和东方各国的敌视，终于庞大的齐被新起的燕国毁灭了，等到齐国重建，已经不是从前的齐国，在因循而孤立的政策之下，坐视了秦国的混一天下。

以下再叙述秦惠王时代以后的战争：

（甲）秦惠王的灭蜀：

这是前三一六年的事。原巴蜀和中原是有来往的，不过巴蜀地势险阻，自己形成了一种新的文化，和华夏有关，却与华夏并不尽同。此时蜀在今四川西部，以成都平原为中心；巴在今四川东部，以江州（即今四川重庆）地

---

① 除公孙衍、张仪以外，和他们同时的，还有陈轸，也是一个谋士，兼任秦、楚，见《史记》本传。和张仪同时的人有苏秦，曾游说燕、齐和赵，与燕相子之为婚姻，320B.C.他死于齐。苏秦虽在燕尊显，可是按着燕、齐局面来说，当时无合纵的必要，不过苏秦死后，苏秦的两个哥哥苏代和苏厉，都是做的合纵工作，苏秦成为战国合纵的代表，大都是由于苏代、苏厉后来的事附会上去的。《汉书》（上海，涵芬楼影印北宋景祐刊本）《艺文志》，《苏子》三十一篇，《张子》十篇，《史记》和《战国策》大率都把其中内容采取进去，可是《苏子》和《张子》都是战国晚期、甚至西汉初期的传述，多与事实不合，《史记·苏秦列传》更加上司马迁个人的看法（例如以伐燕为齐湣王之属），以至有更多矛盾之处。

区为中心。因为巴、蜀二国相攻，秦有了可乘之机。当时蜀分封的国且侯向秦示救，张仪和司马错在秦惠王前争论，司马错主张伐蜀，张仪主张伐韩，结果秦惠王用了司马错和张仪伐蜀，第一步灭蜀[①]，第二步吞并了且国和巴国。蜀既属秦，因为蜀产物丰富，给秦财源上一个极大的帮助。

（乙）燕的内乱及齐的伐燕：

这是战国时代东方一件大事。前三二〇年燕王哙立，子之为相，很受信用。前三一八年（燕王哙三年）燕王哙慕尧舜禅让的名誉，把国让给子之，子之为人并不善于治国[②]，人民嗟怨，因而将军市被和太子平率兵进攻子之。前三一四年子之杀了市被和太子平，燕国人心在惶恐之中，因此齐宣王派匡章率兵攻燕，五十日内，攻下燕国，杀了燕王哙和子之。但是齐军入燕纪律不佳，燕民并不欢迎，并且赵国也不愿齐国占有燕国，赵国召燕王哙另一兄子公子职于韩，遣乐池送到燕国，立为燕王，这就是燕昭王。当然燕国也未曾完全恢复旧有的领土，燕国的一部分仍齐

---

① 当时封秦公子通为蜀侯，使陈庄相蜀。到昭襄六年(301B.C.)，蜀侯大军反，秦使司马错再定蜀。

② 子之可能是一个三晋法家的实行者，而不是一个贪黠的人，因为在三晋法家作风之下，吴起、商鞅也都是不满人意的。王哙能断然让国，也绝不是一个平常的人，但过激的改革总会出问题的。

兵占据。

（丙）秦、楚蓝田之战的前后：

当齐宣王伐燕之时，韩、魏情形也起了变化。此时魏惠王死了，继立的魏襄王并非一个有能力的君主，因而对秦收复失地的愿望冷了下去。就在前三一四年那年，秦大破韩于岸门，迫使韩国向秦求和，并将太子为质于秦。次年，魏襄王也和秦惠王在临晋相会，于是韩、魏两国变成为连横的局面。

这时齐和楚是合作的。在前三一二年，楚柱国景翠围韩的雍氏（今河南禹县东北），秦助韩攻楚[①]；齐国援楚，会合宋国的军队攻魏的煮枣（今山东菏泽县西南），一面又深入魏地，直到河东的曲沃，赶走曲沃的秦军[②]，使秦国深受威胁。

这的确是一个作合纵的好机会，不过楚怀王为人却是贪小利而无远见的，秦国在此时遣张仪到楚国，拉拢楚国

---

① 见《史记·秦本纪》（V/27b），《六国年表》（III/24b）及《韩世家》（XV/6b–7a）。

② 见《史记·越世家》齐使者语（XI/9），又《战国策·秦策二》称："齐助楚攻秦，取曲沃"（III/15a）。曲沃魏地，此时秦兵驻扎着。

退出战争，给与楚国商於的领土①。楚国受到了引诱②，和齐国不再合作，因此秦兵向齐国进攻，在濮水上一战，击溃过去伐燕国的齐将匡章，并且杀了齐将赘子③。

但是秦国的意思只是把楚国骗出战争，并无意向楚割地。战争完毕以后，张仪已回到秦国，楚国派遣受地的使臣并不能接收到土地。楚王大怒④，再起兵攻秦，丹阳（在今河淅川县境）一战，楚军大败，楚将屈丐被杀。于是楚

————————

① 见《战国策·秦策二》，Ⅲ/15。按此篇物语成分甚重，但其背景则是真实的。《策》称秦欲伐齐，实际此时齐、楚皆在对秦战争中，并不那样的简单绝齐而已。商於与楚上庸（即汉中）连界，实即秦之条件为扩展楚的汉中。及楚撤兵而不得地，始再伐秦，但此时齐兵已败退，并恨楚失信，不会再援楚，最后引起楚的大失败。当楚怀王欲听张仪时，屈原是反对的（见《史记·屈原列传》，XXIV/3a）。后来楚怀王对秦仍然不能坚定而有远见，以至于被秦扣住，而楚襄王又不争气，楚国便无可为了。

② 楚国可能在紧急中撤退回来，不过《战国策》中却未说到；不过有一点是可靠的，即楚兵未撤，即不必再动员伐秦了，可是据《战国策·秦策二》：楚国伐秦是再度出兵的，Ⅲ/16b。

③ 《战国策·齐策六》："濮上之事，赘子死，章子走"（Ⅳ/1a）；《史记·六国年表》作："虏声子于濮"（Ⅲ/14b）。

④ 这次楚王及秦国的不守信用，都到了不可想象的程度。不过这还是因袭春秋遗风的。春秋时代诚然有不少人重视信用，但也有不少不守信的例子，如晋、楚之会，楚人衷甲，就给人不好的印象；至于晋的方面，如晋惠王许秦焦瑕，即位后遂不与，以及襄公居丧而潜师袭秦，使秦军在殽只输不返，都是不太光明的事。战国以后，遂变本加厉，结果还是没远见的吃亏的。不过楚怀王当时也许有不得已的情形，并非完全守信的。

再增援反攻，一直进入武关，在蓝田大战，可是楚军这一次失败了。接着韩军又南攻楚至邓（今河南邓县），楚军就不得不撤回去①。

（丁）宜阳之役：

韩虽是秦的与国，可是秦并未因此对韩松懈。秦惠王死，秦武王即位（前三一〇年。张仪死在前三〇八年）。秦武王向甘茂说："寡人欲容车通三川，以窥周室，而寡人死不朽矣。"②于是甘茂自请伐韩国的宜阳（今河南宜阳县）。宜阳是韩国西方重镇，秦国元老重臣都不赞成去攻，可是秦王决心攻击。韩将公仲侈率兵二十万去援，楚将景翠亦遥为接应。甘茂围宜阳数月，终于将宜阳攻下，于是秦的势力便直接到了洛阳附近了。秦武王占有宜阳以后，第二年就死去；楚国得到休息的机会，便在秦灭宜阳的第三年（前三〇六年）乘机灭越，把旧吴越地方，收归楚的领土。

---

① 《史记·楚世家》，X/27a。又《战国策·秦策四》，III/32a；又《战国策·楚策一》，V/20a。

② 甘茂，楚下蔡人。事见《史记·甘茂列传》，XI/4a。

第五章　田文和李兑的合纵

齐、秦濮上之役，齐本来可以得胜的，因为楚怀王中途背弃，以致齐兵败绩。这比平时两国断绝关系严重得多，所以从此以后，齐、楚间的关系转为恶劣。在秦的方面，因为不愿韩、魏的亲附，伐韩取了宜阳，也使得韩、魏转变了亲附的态度。到了秦昭王即位，在前三○四年（秦昭王三年）和楚国在黄棘相会，归还了楚国的上庸；又在前三○三年秦攻韩攻魏，夺取了一些地方。于是秦、楚成为结盟的国家，而齐国和韩、魏修好。

前三○一年，齐宣王死，齐湣王继嗣。在齐宣王晚年，孟尝君田文已经做齐的宰相[①]，湣王即位说："寡人不敢以先王之臣为臣"，使孟尝君退休，可是不久就发现了孟尝君的能力，又使他复位。自从濮上之役以后，齐的政

---

① 《战国策·齐策四》，IV/39a；又《史记·孟尝君列传》《索隐》引《纪年》："梁惠王后元十三年四月（322B.C.，即齐威王三十五年），齐威王封田婴于薛；十月，齐城薛。十四年，薛子婴来朝。十五年，齐威王薨。" XV/2a；又《史记·孟尝君列传》称："梁惠王卒。（齐）宣王九年，田婴相齐"，XV/1b。按：实则田婴早已经相齐，宣王九年的田婴当为田文之误。田文宣王九年（311B.C.）为齐相，至齐襄王初年卒。襄王元年为283B.C.，故从田文为相至其死时，约为三十年至三十五年，事实上是可能的。

策是伐楚，所以就在这年发动了垂沙之役。

首先，孟尝君就把齐、秦、韩、魏四国联合起来，发动了对楚的攻势。齐国仍用濮上之役的主将匡章，会合了魏将公孙喜、韩将暴鸢共同击楚，直到楚国的方城[①]，杀楚将唐眛，取重丘。楚怀王只得讲和，把太子横为质于齐。秦国为着向齐表示和好，也派泾阳君到齐作质，秦国还请孟尝君去做秦相[②]。

但是秦国对于孟尝君在东方的力量还是畏惧的，秦国只想把孟尝君留在秦国，不让他出来。这个计划被孟尝君知道了，潜行逃出函谷关；赵国便乘此机会推荐楼缓为秦相，而孟尝君便仍然联络韩、魏和秦相抗。

公元前二九八年，以孟尝君为主，联络齐、韩、魏三国大规模向秦进攻，直到函谷关。这时候楚国守着中立，赵和宋比较亲秦，也不敢做实际的援助，秦国便只好讲和，归还了韩的武遂和魏的河东地方。于是韩、魏和秦又恢复到以函谷关及黄河为界的状况了。

---

① 这时各国都在边境筑长城，方城就是楚国沿山建造的长城。据《左传》：齐桓公伐楚，楚使屈完称："楚国方城，以为城，汉水以为池，虽众，无所用之"；杜《注》以为方城山名（XII/13a）。不过楚国的长城，也是建在方城上的。

② 《史记·秦本纪》，V/29a。又《楚世家》，X/30a；又《孟尝君列传》注，XV/3b-4a。

孟尝君帮助韩、魏获得了防守的形势，主要的功能是使韩、魏可以自守，不致太受秦的威胁，因而韩、魏就具有缓冲的形势，而使齐国可以在东方发展。就在这个时期以后，齐国北助赵灭中山，南灭宋，而成为东方的霸主[①]。

　　孟尝君在齐湣王初期名望很高，并且养士三千人，其中尽多才智之士，这样会引起湣王的嫉忌的。就在前二七四年，田甲劫齐湣王，湣王怀疑和孟尝君有关，孟尝君出走。其后虽证明和孟尝君无关，孟尝君也就从此退休了。

　　孟尝君封地是薛，孟尝君告归也就是到薛去，但是不久又流亡到魏国[②]。就在这个期间，宋王偃灭滕灭薛[③]，而孟尝君免相后，合纵之约也解掉了。在前二九三年，秦伐韩、魏，秦将白起在伊阙斩首二十四万；到前二九〇年，秦夺了魏河东地方四百里和韩武遂地方二百里；前二八九

①　佐赵灭中山在周赧王二十年（295B.C.），见《史记·六国年表》（III/26b）。灭宋在周赧王二十九年（286B.C.），见《史记·六国年表》（III/27b）及《田齐世家》（XVI/17b）。不过据《史记》，湣王时期一直到284B.C.，燕才与三晋击齐，这表示着燕国只守残余国境，所以不为齐国敌视。

②　《战国策·东周》，（苏厉）为周最谓魏王，及谓周最语，言："薛公故主，轻忘其薛"（II/7），以伐齐。

③　《史记·宋微子世家》："（宋王偃）东败齐，取五城，南败楚，取地三百里，西败魏军，乃与齐、魏得敌"，VIII/16b。按：灭薛当亦在败齐军时，孟尝君亦必自薛出奔，及齐灭宋，他才再回薛。

年，秦遣客卿错取魏大小城六十一①；前二八六年，魏纳安邑及河内②。秦的势力大为扩张，从此以后不能再制止了。到了前二八八年十月，秦昭王因为屡次胜利，自称西帝，并推尊齐湣王为东帝；不过齐王感觉称帝还不够资格，在十二月自行取消，秦昭王不久也把帝号取消。

这时宋国已经逐渐强大起来，扩张了许多地方。齐国为想开辟疆土，就在秦伐魏之时也去伐宋（前二八六年），终于把宋灭掉，可是宋国从来是以善守御著称的，因此齐国的损失也甚为巨大，使得其他国家攻齐之时，齐国没有还手的力量③。

齐国这时领土包括了全宋，其中包围着鲁、卫等国的领土，并且还有楚国的淮北地方，这些地方并未被齐国

① 《史记·六国年表》，III/27；又《史记·秦本纪》言："错攻垣（今山西蒲县）、河雍（宜阳），决桥取之"，V/30b。
② 此时河东已全入秦，只有安邑孤城尚保留，故秦再取安邑，见《史记·六国年表》，III/27。
③ 《战国策·燕策》：苏代说燕王哙（此哙字误，系后人添入附注，此燕王实是昭王）曰："今夫齐王，长主也，而自用也，南攻楚五年，稸积散；西困秦三年，民憔悴、士罢敝；北与燕战，覆三军、获二将；而又以其余兵，南面而举五千乘之劲宋，而包十二诸侯。此其君之欲得也，其民力竭也。"（IX/7b–8a）是灭宋以前曾破燕，但《史记》无之。编者按：《史记·苏秦列传》有苏代此段话。

消化，还要大部分的军队去驻扎，都是给齐一个非常不利的形势。前二八五年，秦昭王和楚顷襄王在宛相会，又和赵惠文王在申阳相会。楚、赵同意了秦的看法，韩、魏此时国力薄弱，不得不从楚、赵、秦的联盟，于是共同去伐齐，攻取了九个城。燕国本来想对齐报复的，因为惧齐，不敢举动，此时也乘机和赵会合，随着赵国去伐齐。

齐国在这个时期受着了三面的攻击①，齐兵战败，燕国的兵乘机追到临淄，临淄被燕攻陷，齐湣王出奔到莒。楚国此时表示援齐，楚将淖齿被任为齐相，可是淖齿又叛变了，齐湣王被杀。齐人王孙贾会同莒人四百人共杀淖齿。莒人和齐国流亡的官员，找到湣王的太子法章，立做齐君②。

齐宗室远属田单从临淄奔亡到即墨。此时齐各城，只有莒和即墨未被燕军攻陷。这两座齐国的孤城，从齐襄王元年（前二八三年，燕昭王二十九年）到齐襄王五年（前

---

① 这就是齐国在战国时期比秦吃亏的地方。韩、魏形势最劣，是四面受敌的。齐国是个半岛，并且还有"济清河浊，足以为限，长城巨防，足以为塞"。不过联合攻齐，那也不能几面作战；这和东方各国攻秦，几次不能入函谷情形不大一样。楚国地区大，江河太多，军队不好调动，故当时亦不如秦。燕国带上辽东，平原广阔地脉膏腴，并且也是只受敌一面，一切条件实远出关中之上，可惜并未开发，所以到汉代还说：天下之势，秦得百二了。
② 《战国策·齐策六》，IV/50b–51。

二七九年，燕昭王三十三年），一直未被燕军攻下。就在这个期间，齐国的即墨大夫战死，城中的人推田单为主，去抵抗燕军①。

击破齐国的燕军主帅是乐毅。在五年之中，乐毅除去占领临淄以外，并且平定了齐国七十多城，都改为燕国的郡县。前二七九年，燕昭王死了，昭王子惠王立为燕王。燕惠王本来不满意乐毅，此时齐人向燕王反间，说乐毅本可以平定莒和即墨，所以留着这两城的目的，为着取齐国人心，而自立为齐王，于是燕惠王便以骑劫代乐毅，乐毅奔赵②。

田单先向燕军约降，使燕军懈怠，然后收集城中，得到一千多只牛，把牛角上绑上兵刃，把牛尾绑上芦苇，再灌上油脂，晚间凿城为数十个洞，烧牛尾，使壮士五千人随牛后，牛被炙热，冲燕军阵，燕军大败，燕将骑劫被杀，燕军取占城邑也都在此时叛归齐国。田单再从莒把齐王迎到临淄，齐王任田单为相。

从此，齐国是复国了，不过齐国却不能再和宣王潜

① 《史记·田单列传》：田单是齐国王室的疏族，为临淄市掾。在湣王逃莒时，田单也逃到安平（今山东临淄东），教他的宗族把车改造一下，使车轴较短，并以铁包住，后来再逃的时候，其他未包铁的车轴往往断破，而单的族人安然到了即墨，XXII/1。
② 乐毅本来是赵人，燕昭王礼贤下士，乐毅入燕，此时仍返赵。

王时代相比：第一，齐国失掉了许多地方，例如宋国的旧地及楚国淮北地区被楚国攻占了，齐国西部一个富庶地区陶①，也被秦国拿去，来封昭王的舅魏冉了，对齐国的财源人力来说，损失甚大；第二，齐国因为形势较为孤立，所以不大介入中原的战役②，他们想到湣王时，因为参加历次战役，领土大为扩张，最后引起了各方的敌视，几乎亡国，所以到了襄王以后，把齐国的政策大改，变成绝对孤立的立场，使秦国从容并吞各国。

复兴后的齐国是不包括薛的。薛在孟尝君晚期形成了一个独立的小国。在孟尝君未免去齐相之时，他是主张合纵排秦的；免相以后，他逃亡至魏，及宋人灭薛，他的态度应当是反宋的；等到齐国残破，他的薛，因为各国对他尊重的缘故，大致仍在他的手中，所以齐国复国以后，薛并未属齐，齐襄王对他仍然不敢侵犯。直到孟尝君死后，薛才被齐攻取③。

和孟尝君同时被人注意的人物是赵武灵王和李兑。赵

① 陶在战国初期就已经是水运交通中心，范蠡称为陶朱公，就是在这个地方经商。后来汉代为济阴郡，在汉代是人口最密的地方。

② 齐、秦均可不介入战役，不过秦国贫，非战伐不能生存，齐国富，可以不必攻战。

③ 《史记·孟尝君列传》，XV/7b。

武灵王元年是在前三二五年，到二十四年（前三〇二年）实行胡服骑射，因为用了胡人的长技，东起上谷，西至九原，开辟了许多地方；这些地方都是产马之区，所以赵国的兵力也强大了起来。当时他怎样赢得了战争，现在完全不知道；得到了这些地方以后，他对于原有的部落怎样管理，对于这样地方怎样经营，现在也完全不知道。现在只知道汉代对于这些地区管理的状况，汉代管理的办法当然是承袭秦代的，而秦代就可能是承袭赵国的[①]。

在赵武灵王二十七年时（前二九九年），他传位给他儿子惠文王（第二年即前二九八年，为惠文王元年），自称为主父。传位的原因，据《史记·赵世家》说：因为他好向北方发展，把国事交给惠文王[②]；实在的原因也许是这一年就是楚怀王被扣的那一年[③]，武灵王可能有鉴于楚怀

① 汉代对于北边状况，散见于《史记》《汉书》中，各《纪》《传》及《汉书·地理志》，尤其《敦煌汉简》及《居延候简》发现以后，使我们明了的更多了一些。
② 《史记·赵世家》，XIII/27。
③ 楚怀王被扣的事，见《史记·赵世家》，事在 299B.C.，即楚怀王三十年（X/30b–31a）。楚怀王虽然失掉齐的盟国这件事非常失败，可是楚怀王本人似乎尚有能力，所以在 318B.C. 时，楚怀王曾为纵约之长。他被扣以后，太子在齐，曾经一度引起国内的恐慌。后齐国送还太子，立为楚王（即楚顷襄王），楚国政治才得到安定。可是顷襄王的能力却不如怀王，所以楚人一直想念怀王，到秦亡国以后，楚人还立怀王之孙为楚怀王。

王的事，立子为王以作准备^①。不过武灵王对内还有继承问题的，武灵王原有长子章，其后吴国妃子又生子何，武灵王爱子何，立为惠文王，可是对于原来太子仍有扶持的意思。前二九五年，子章争夺君位，被李兑及公子成杀死；李兑及公子成惧祸，包围主父宫，主父饿死。

不过李兑还是主张合纵的，在前二八八年（赵惠文王十一年），李兑曾约齐、楚、韩、魏五国攻秦。此时齐国已经不由孟尝君当政，对于攻秦已不像从前热心，结果五国军队到了成皋（即河南省的虎牢关），不能再进，没有多少成绩。

五国攻秦时李兑已老，李兑死大概在以后数年中（前二八四左右），苏秦死时则在前二十余年（前三一四左右），其时秦的力量未显，所以苏秦佩六国相印合纵排秦是不确的；不过李兑当政时，苏代、苏厉可能是李兑的助手，因而苏秦的传说可能多半是苏代和苏厉的事。

----

① 宋王偃立太子为王，称宋元君，大概亦在此时，至赵太子章作乱的时候，宋国亦发生内乱，宋元君出走，由宋王偃再当国事。

180

第六章　魏冉及吕不韦的东略

甲、魏冉的东征

就齐国方面来说是孟尝君，就秦国方面是魏冉，他们两个都是当时的关键人物。

秦武王死了，武王无子，由他的弟弟秦昭襄王继嗣（或简称昭王）。秦昭王是秦武王的异母兄弟，他的母亲原来是楚国人，昭王既立，他的母亲被尊为宣太后。宣太后的弟弟名芈戎，封为华阳君[1]；宣太后的母亲改嫁以后所生的异父弟名叫魏冉[2]。魏冉最有能力，在惠王和武王时已有相当的政治地位；武王死，魏冉利用政治上的关系拥立昭王，宣太后听政，而魏冉由将军继楼缓为秦相。

魏冉最重要的工作是提拔白起为大将。在此以前，秦和六国的战争虽然偶有胜利，多年讲来还是打一个平手；自从以白起为大将以后，秦国往往有压倒的胜利，这就建

---

[1]　见《史记·穰侯列传》，XII/1a，姓芈氏，是楚国的宗室。

[2]　所以魏冉应当原来不是楚国人。秦、魏关系太深，居民错杂，所以秦人中亦有魏姓。

立了秦灭六国的基础①。秦昭王十四年（前二九三年），正是孟尝君出走第二年，魏冉遣白起攻韩、魏，在伊阙（即今河南洛阳的龙秀）杀了韩、魏二十四万人，魏冉受封为穰侯（在今河南邓县东南）。到昭王十七年（前二九〇年），又使白起攻魏，取河东地方四百里；攻韩，取武遂地方二百里。十八年又攻魏河内，取大小六十一城②。至昭王二十六年（前二八一年），白起攻楚，拔楚都鄢郢（今湖北江陵），烧夷陵（今湖北宜昌）楚墓，楚王逃走，秦置南郡，封白起为武安君③。次年因再取楚国的巫、黔中郡④。到昭王三十二年（前二七五年），魏冉自将兵攻魏，通大梁，魏割温求和。昭王三十三年，魏冉大破韩将暴鸢。三十四年，魏冉与白起及客卿胡伤再攻韩、赵、魏的联军，大败魏将芒卯于华阳（今河南郑县南），进至大

---

① 见《史记·白起列传》，XIII/1-2a。到汉代还把历来名将白起与韩信并称，称为"韩、白"。

② 见《史记·穰侯列传》，XII/2。在此，河东与河内并称，足征河东与河内均为魏国的郡，后来汉代的河内郡即亦承此而来，《汉书·地理志》以为汉河内始于楚、汉时的殷国，误。（至286B.C.，秦取魏河内，那是指已取河内郡的全部了。）

③ 魏冉此时加封陶为封邑，见《史记·穰侯列传》，XII/2b。

④ 在贵州及湖南西部，此时楚将庄蹻已取滇（云南省），因路绝，不能通楚，自立为滇王。从此以后，中国型的文化又到了云南了。

梁。当时赵军联合燕军来救，秦兵才退，把所占韩、魏地方，连同从前楚国的上庸地方，合为南阳郡。

此时秦军已成为破竹之势，齐国虽已复兴，可是不愿多管中原之事，因而秦国稍休息一下，便再东进了。前二七〇年（秦昭王三十七年），秦联合韩国，遣胡伤攻魏国的阏与（今河南武安县西）。赵王问群臣策，赵奢说："其道远、险、狭，譬如两鼠斗穴中，将勇者胜。"因令赵奢去救阏与，既出邯郸三十里，下令军中说："以军事谏者死。"坚壁留二十八日不行，更增筑营垒，秦人认为他顿兵不进，于是赵奢兼程西进，二日一夜达到阵地，立即以一万人据北山之顶，居高临下，大破秦军，遂把阏与的围解掉。自此以后，魏冉不再大举进兵。

在阏与之战以前，魏冉曾派兵取齐国的刚寿二城（在山东寿张附近），来扩张陶的领土，至此又有阏与之败，秦昭王已年长，和魏冉的权力上已有不甚调协的地方。此时魏人范雎[1]游说秦昭王，挑拨昭王和太后及魏冉的情感。昭王四十二年（前二六五年），宣太后死，昭王信了范雎的话，把魏冉罢免。魏冉回到陶，在陶病死。

---

[1]　编者按：据《史记》修订本，"范雎"当作"范雎"，余同。

这几年秦国仍然逐渐向东前进①，于昭王四十三年（前二六四年）开始攻韩，在四十六年（前二六一年）引起了长平之战，秦军大胜，但战争仍拖延下去。直到秦昭王五十年（前二五七年），魏信陵君救赵，秦军大败，然后战争才结束，这个战争前后拖延七年。

乙、长平之战

长平之战是战争史上一个恐怖的战争，赵国损失兵员四十五万，秦国损失兵员的数目虽然没有详细的纪录，不过估计起来可能也达到二三十万，两方死亡可能在七十万人以上。就结果来说，可以说只是一个历史上的悲剧，两方都未得到多少代价。

从秦昭王四十三年起，白起攻韩陉城（在今山西曲沃北），四十四年断韩太行山的"羊肠道"，四十五年

---

① 据《战国策·秦策三》：范睢说秦王以远交近攻之策，III/42a。实则魏冉之策亦是远交近攻，只是魏冉曾去直接为秦扩张领土，也打算把陶变成万乘之国罢了（《秦策三》："攻齐之事成，陶为万乘，长小国"，III/35b）。秦王相信范睢，其实他对外并无奇谋，只是魏冉当政三四十年，势力太大，群臣多不可信，只重用范睢来牵制群臣，以打击魏冉的势力。等到秦王的势力已稳固，而范睢亦无对外大功，所以终于罢免。

拔韩的野王（在今河南沁阳）。韩上党通韩的路断绝，韩上党守冯亭降赵，赵封冯亭为华陵君①。四十六年（前二六一年），秦使王龁攻上党，赵军据守长平（在今山西高平），以廉颇为主将。廉颇主张是取守势，秦军屡次攻陷赵郭和赵壁②，以至赵国将士及兵员颇损失，秦国屡次挑战，廉颇不出③，相持一年。赵王因为廉颇不能得胜，甚为不满，几度去责问廉颇。至昭王四十七年（前二六〇年），赵王（赵孝成王）决心要更换主帅，此时蔺相如已卧病，而赵奢已经死了，无有可换的人，只有想到赵奢的儿子赵括，曾向赵奢学兵法，因此就改任赵括为主将。

主将的更换当然表示战略的更换，而且赵奢的强力进攻的主张，又是当时非常著名的，这样就不能被秦人知道④，因此秦便特派白起前来主持，而以干龁为副手，严守秘密，不准军中泄漏，使赵括不知道秦军准备。

赵括是一个具有冒险精神却经验不够的青年人。据

---

① 见《史记·白起列传》（XIII/1b–2）及《汉书·冯奉世传》（XLIX/1a）。

② 郭是前哨的小城，可以驻扎千余士卒（见《居延汉简考释之部·亭郭》，41–42）。壁是营垒的墙壁，大军据守时临时建筑的。

③ 这也是一种战略，诸葛亮北伐，司马懿坚壁不出，就是一例，因为敌人不出，屡次进攻营垒，损失亦大。

④ 编者按：疑"不能"后缺一"不"字。

说他学兵法时，自负甚高，以为天下无敌；尝和赵奢谈兵事，他的父亲也不能难倒他，但他父亲不以为然，说：兵，是死地，而赵括谈得太容易了，这是不可以的。当任他作将时，赵王也向蔺相如问，蔺相如不以为然，说赵括只能读其父书，可是他不能通变，如同把瑟柱胶上去鼓瑟，不可为将，赵王不听①。

依照赵奢的战略，是利用庞大的兵力，用勇将来指挥，力量大者胜。这是一种攻击的战术，而非守势的战术，不过也得判明敌情才可以。赵括学过兵法，自然也非完全轻举妄动，不过自负太过了，把敌方未认识清楚，就用四十万大军轻于一击。

秦兵先把第二线的壁垒建筑非常坚固，和赵兵相遇，秦军诈败退却，赵军乘胜追到秦壁，秦壁坚，不能攻进；可是赵兵集中进攻之时，秦军却用二万五千人截断赵军与赵壁的联络，又以一万五千人断绝赵壁与后方的联络，赵军此时只好再筑壁坚守。

秦王听到这个消息，亲自到河内指挥，并发动全国十五岁以上的壮丁全到长平。到这年九月，赵兵和秦兵相

① 见《史记蔺相如列传》，XXI/8b。胶柱鼓瑟，指瑟的弦下均有柱，瑟柱是活动的，不可胶在瑟上。

持已经四十六日。赵军缺粮，只有用力冲出，可是秦军众多，赵卒出不来。赵括亲自领精兵攻战，被秦兵射杀，四十万赵卒全部投降，白起把这些降卒全部坑埋了[①]，只留年小的二百四十人遣回赵国。十月，秦兵定上党郡，赵国前后已损失四十五万人，但秦兵也损失过半[②]。

秦军乘势取得赵国的太原郡，可是秦兵罢困已极，不能不撤回休息。直到昭王四十九年九月（前二五八年），秦再发兵，使白起将兵。白起有病，并且料定不能取胜，不肯出发，秦王罢免白起；他在阴密（今甘肃灵台县）被迫自杀。秦相范睢起用郑安平为攻赵的主帅，进攻邯郸，赵国非常危险，楚、魏虽派有救兵，可是都畏惧秦军，不

[①] 《三国志》（上海，涵芬楼影印中华学艺社借昭宋绍熙刊本）《魏书·钟会传》："会已作大坑，白棓数千，欲悉呼外兵入……以次棓杀坑中"（XXVIII/37a），此盖白起坑赵卒、项羽坑秦卒旧法，故坑埋数万人非不可能，不过秦兵已损失过半，赵军不会损失更多，所以当时绝不可能还剩下四十万人，所谓四十万人，不过号称四十万人罢了。编者按："赵军不会损失更多"，疑衍"不"。

[②] 秦兵损失过半，见《史记·白起列传》，XII1/5b。所以白起后来不愿再做主将，以致被秦王逼死。

敢轻进①。

邯郸在危急之中，幸赵人尚能上下一心，在围困中坚守，不过邯郸的陷落也是时间早晚的事了。幸亏魏信陵君（魏无忌）决心救赵，设法窃到魏王的虎符，带了勇士入晋鄙军，击杀了晋鄙，夺得指挥权，选精兵八万人北上，大破秦军；楚春申君亦遣景阳夹攻秦军，秦军破散，郑安平率残余二万人降赵。

从这次战役以后，秦国在函谷关东部所占地方相继失去，陶既被魏所占，范雎的封地汝南也被韩所占，只是河东一带也许还留下若干秦军的据点。

丙、吕不韦的东略

自从信陵君援赵之役以后，秦军大败，魏冉东进的形

---

① 据《战国策·赵策三》：此时魏安釐王遣晋鄙救赵，止于荡阴（今河南汤阴），不敢进，只使客将军新垣衍说赵王，希望赵尊秦为帝，以此求和，平原君犹豫未肯。此时鲁仲连适赵，以辞折服新垣衍，适信陵君夺晋鄙军，赵因得救，VI/12b–66a。（其中惟"今齐湣王已益弱"，时为齐王建，非齐湣王，湣字涉上文齐湣王误衍。）

势大半失去，几乎恢复到孟尝君时的情况①；并且秦昭王已老，也惮于用兵②。直到前二四九年（即长平之战十年以后），庄襄王即位，以吕不韦为相，才开始又向东方发展。

吕不韦韩人，是邯郸的大商人。庄襄王为质于赵，吕不韦说赵王使庄襄王归秦，并资助为太子，嗣为秦王③。等到庄襄王成为秦王，吕不韦就以拥立之功成为相国。他

① 长平之战，表面上赵国大败，损失了四十五万人，可是秦军损失也非常巨大，虽然接近邯郸，秦军的力量也不能再进，非休息军队不可了。秦军损失这样大，也是遇到劲敌的原因，在此廉颇和赵括都有功。《史记》根据传说，不免有以成败论英雄之处，后来信陵君非常漂亮的成功，也和长平之战有关，白起不愿再战，实不免有顾惜名誉之处，因为秦军实不堪再战了。

白起是一个军事天才，坑赵卒所生的后果，他自己后来也未尝不知道，这也是他的死的直接原因。《史记·白起列传》《集解》引何晏说："白起之降赵卒，诈而坑其四十万，岂徒酷暴之谓乎？后亦难以重得志矣！向使众人皆豫知降之必死，则张虚卷犹可畏也，况于四十万被坚执锐哉？天下见降秦之将，头颅似山，归秦之众，骸积成丘，则后日之战，死当死耳，何众肯服，何城肯下乎？是为虽能裁四十万之命，而适足以强天下之战，欲以要一朝之功，而乃更坚诸侯之守……其所以终不敢复加兵于邯郸者，非但忧平原之补祖，诸侯之救至也，徒讳之而不言耳。若不悟而不讳，则毋所以远智也，可谓善战而拙胜"，XIII/6b（此外256B.C.，楚亦乘中原有事，东向灭鲁）。

② 只有秦昭王五十一年灭西周一事，不过灭周是不需要多大兵力的。

③ 见《史记·吕不韦列传》（XXV/1b–4）及《战国策·秦策五》（III/75b–76）。《史记》和《战国策》略有异同，可能《国策》是较早的传说，而《史记》又增加了后出的传说，因为秦始皇母原为吕不韦姬妾一事，《国策》无之，《国策》只有吕不韦和嫪毐冲突那一件事，这是吕不韦本为权略之士，他的故事越来越多，史公好奇，所以都被采取上了。

这种进取型的人，当然不会省事的。他就在当年灭东周，攻取韩国的成皋和荥阳，建立了三川郡；次年（前二四八年），又攻取赵国太原郡的榆次等三十七城；到前二四七年，又攻占了赵的上党郡，并命蒙骜攻入晋阳、建立太原郡。

这时秦转向攻魏，魏的情况非常危急。寄住在赵国十年之久的信陵君，为了要拯救宗社的覆亡，决心回到魏国①。信陵君在当时已成了偶像式的人物，魏安釐王很成功的征到韩、赵、楚等国的军队，击败秦军。此后秦国只在前二四四年攻取韩国十三城，曾大举②。

到秦始皇五年（前二四二年），信陵君既死，秦始遣蒙骜攻魏，夺取了魏酸枣（今河南延津县）二十城，置东郡；六年（前二四一年），韩、魏、楚、赵、卫五国共攻

---

① 信陵君在赵立功，但因窃符事，久居在赵，不敢归。秦伐魏，魏王使使者请公子，公子仍不归。毛公、薛公往见公子曰："公子所以重于赵，名闻诸侯者，徒以有魏也，今秦攻魏，魏急，而公子不恤，使秦破大梁，而夷先王之宗庙，公子当何面目立天下乎？"语未及卒，公子立变色，告车驾驰归救魏。魏王见公子，相与泣，而以上将军印授公子。其后秦间扬言于魏，言信陵君将被诸侯立为魏王。魏安釐王罢公子军职，信陵君遂与宾客纵酒作乐，四岁，病酒卒。其年魏安釐王亦卒。事见《史记·信陵君列传》，XVII/7-8a。
② 在长平之战以后，燕曾乘赵损失，进而伐赵，为廉颇所败。以后燕、赵互相攻击，并无决定性的胜利。

秦，秦出兵，五国兵退回；七年（前二四〇年），蒙骜攻赵死，取赵三城。八年（前二三九年，秦有嫪毐之乱；九年（前二三八年），吕不韦免：这两年秦虽未扩充领土，不过侵略东方的基地已经稳固，此后就是秦始皇自行当政的时期了。

附记：本篇由杨联陞先生及许倬云先生看过，提出许多珍贵意见，特此致谢！

引用书目

1.《论语》（《十三经注疏》本）

2.《墨子》（上海，涵芬楼影印明嘉靖癸丑刊本）

3.《孟子》（《十三经注疏》本）

4.《战国策》（上海，涵芬楼影印元至正十五年刊本）

5.《诗经》（《十三经注疏》本）

6.《左传》（《十三经注疏》本）

7.《周礼》（《十三经注疏》本）

8.《孙子》（《长恩书室丛书》本）

9.《淮南子》（上海，涵芬楼影印刘泖生影写北宋本）

10.《史记》（上海，涵芬楼影印南宋黄善夫刻本）

11.《西域考古记》（斯坦因著，向达译，上海，中华书局，1936）

12.《汉书疏证》（沈钦韩撰，光绪二十六年，浙江书局刊）

13.《先秦诸子系年考辨》（钱穆撰，香港，大学出版社，1956）

14.《竹书纪年辑校》（王国维撰，《海宁王静安先生遗书》第三十六册）

15.《竹书纪年义证》（雷学淇撰，台北，艺文印书馆据排印本影印，1951）

16.《战国史》（杨宽撰，上海，人民出版社，1955）

17.《水经注》（上海，涵芬楼影印武英殿聚珍版本）

18.《汉书》（上海，涵芬楼影印北宋景祐刊本）

19.《居延汉简考释之部》（劳榦撰，台北，中研院，《历史语言研究所专刊》之十四，1960）

20.《三国志》（上海，涵芬楼影印中华学艺社借照日本藏宋绍熙刊本）

秦的统一与其覆亡^①

一 从封建到统一的趋势

至少从殷商晚期开始，中国已经建立了一个帝国的雏形。这个帝国是一个早期的帝国，其中一切都含着了比较原始的遗留。尤其在社会的长成方面，深深的保留了民族社会的形态。至于土地的开发，也并非鸡犬相闻，野无旷土。而是在中国的主要部分，分散着许多城邦。到了周朝初年，摧毁了殷商的中心政权，也只是在表面上取得了诸侯共主的地位，实际上对于诸侯并不能做有效的控制。只有在武王时期，短短的几年中，维持了安定的局势。等到

———————

① 本文审阅人为沈刚伯先生。

了武王逝世，周室的内部起了纷争，所有旧有的城邦，也就乘机起了变化。然后才有周公东征的动作。

所以武王克商，只能算周朝"帝国"的序幕，要等周公东征以后，才算正式奠定了周朝"帝国"的规模。

先就华夏民族势力的膨胀一点来说。关于华夏民族，表面上看来，华夏民族好像是一个单纯的民族，实际上却不尽然的。不错，华夏民族下的社会组织上，偏重血缘一点，尤其是男性系统下的传说。这似乎还是历史时期一步一步发展的结果。并且历史时代的所谓华夏，也不见得真是原始的华夏从血缘上推进而成的。

原始的华夏文化大致是在黄河中下游地方有这么一个中心[1]。在这一个中心附近和这一个中心仍然会彼此受到了相互的影响。并且在这四周，还有不少流动的民族，一直接到塞外。这些流动的民族，当文化中心的政权有实力的时候，他们更附着于文化中心的政权，成为附庸的性质。如其文化中心政权的力量瓦解，他们也可能侵入文化中心，接受了传统的文化，而自己也冒充旧有的民族。所以中心文化一直发扬扩充，继续不断。至于领导的集团是否古来一系相承，就无从追究了。不过如其新的民族来到文化中心，他们也当然吸收前朝的贵族作为新朝贵族的一部分[2]，前朝的平民作为新朝平民的一部分，所以结果还是混和的民族，相依下去。

这种混合的情形，越往后越加强，也就使得华夏文化的中心，越来越扩大。商代的势力范围，比夏代可能要大，周的势力范围就比商大。到了春秋战国，周天子虽然一点力量也没有，但是春秋的霸主，战国的各王，也都向边境伸展势力，使得华夏文化在不同的地区发展起来；等到机会成熟了，同样的文化，自然会对于统一的情形形成绝大的帮助。

再就政治组织的演变来说。西周到春秋时期，我们可以说他们是"封建城邦政治"。因为当时的列国，实际上是由于两种不同的来源：第一种源于氏族，部落社会发展下来的城邦；而第二种却是周天子将其亲戚插花式的分封天下，建立成封建的诸侯。但是如其将第二种的来源追溯一下，那还是周公征管、蔡三年战争结束以后，将打平了的叛乱城邦，给姬、姜二族分封统治，只是换了一些统治的公侯，而诸侯间的政治基础还是建筑在固有的城邦上。

在商周的政治组织下，高层统治阶级的构成，还是以氏族为中心的社会组织。这个氏族组织，以周代为标准，是天子为天下的大宗，天下的姬周族，都统在天子氏族组织之下；诸侯是一国的大宗，凡是一国之内，都统在诸侯氏族组织之下。再下是大夫是一家的大宗。成为大夫以后，就被"命氏"。这一个"氏"的人都说在大夫氏族之下。这种统治，不仅是政治的，血缘的，而且是经济的。依照周代封建的原则，大夫以下不应该再有私产。如其有勉强可称为私产的话，那只是王子直属土地，或者大夫的土地，给予一个"租佃"的权利。只是一个长期使用权，而不能说是私产。换句话说，不仅平民不应该有私产，士也不会有私产；最小的私产单位，是大夫的家。当然这种情形，至少在春秋时期已经改变了。

在春秋时鲁国的开始"税亩"就是一个显著的例子[3]。《春秋》记鲁国最详，所以记上鲁国初税亩，其实这种办法，绝不是从鲁开始的。因为鲁国是一个最保守的国家，齐、晋等国比鲁国改变得还迅速些。这种旧井田制度的破坏，是逐渐而成的。只是春秋时的"税亩"只是在国内的一部分实行，到秦孝公用商鞅，就在全部国内，无保留的改变了。

至于改变的原因，国与国间的军事行动，应当是最大的原因。周代开始，周公是一个伟大改革者，以后就一直循周公所定的制度，成为极端保守的政治。西周的中央政府的责任就是以维持周公的成法为主。在这个原则之下，周王的统治，其中的第一件事要维持诸侯间的和平共存。除去外敌以外，诸侯间是不容许战争的。等到西京倾覆，各诸侯城邦之间，失去了维持和平的机构。凡是有野心的诸侯，都可以随心所欲，扩充领土。凡是能够把国家军事化的，就容易得到胜利；反之，维持旧有的封建形式的，也就归于失败。经过了这种自然淘汰的结果，剩下来的国家一定是强大的国家，而强大的国家也就是改革过的国家。经过春秋二百四十年的过渡时期^①，终于形成战国时代，淘汰下来的七个战国（战国指有力作战的国家）^②。其中秦国是改变最澈底的国家，最后是秦国吞并其他六国。

这里所指出来的，战争只能认为说周初到秦，社会和政治的变化（甚至可以说是革命）的一个主要因素。其实周代创建的宗法、封爵和井田三位一体的制度，其本身也是随时在缓慢变动之中，而不是依靠"周礼"所能维系的。这其中当然要牵涉人口的增殖，土地的开发，沟渠

---

① 编者按：此处应是以《春秋》记事时间段为计，从前七二二年到前四八一年，合二百四十二年。今多认为春秋时期约三百年（前七七〇年到前四七六年或前四五三年）。

② 编者按：此句意即淘汰后剩下来的七个国家。

灌溉的增进，道路交通的改善，谷类新种的培植，远方国外文化的辗转输入，自由人的增加，工业技术及货币的衍进，因而引起商人在社会地位的新估计。当然冶铁技术的发展以及牛耕的应用，也都是不可忽视的因素。这些因素加起来，自然会形成政治与社会的基本改变。

在春秋时代中管仲无疑的是一个重要人物，齐桓公是春秋时代的第一个霸主，实际上是管仲造成的霸业。传世的《管子》诚然是一部战国人编纂的书[4]，但传述旧闻，也不是毫无根据。晋文公继起，使晋国成为长期霸主，其积极的因素，自然是晋文公居齐甚久，从齐国学来若干知识，但背景方面也是晋国在献公时已不再有血缘性的公室当政，于是整军经武成了一个军事性国家，侵占了许多新地盘，使晋文公有所凭借。这种晋国政治的形式，就开创了战国时代从封建政治变为官僚政治的雏形，使帝国的形式走上第一步的路上。

从春秋到战国一般的政治趋势，就是废封建而为郡县，用后代的话来讲，就是"改土归流"，把世袭的"土官"改为由中央委派的"流官"。如其到处都是流官，那就自然而然的走到大一统的路上去。秦始皇的大一统，废封建而为郡县，不过是对于全中国做一画一的行动罢了。

二　秦始皇的蓊灭六国

在西周时代，秦国本属畿内一个微不足道的诸侯。他们的祖先据说是和夏禹同时的伯益的后人。禹治水，伯益治禽兽。到了商纣时期，伯益后人飞廉做了纣的重要帮手，商亡以后被周公所杀。他的后人因为善于驭马，当周穆王时代，造父为穆王御车，平定了徐偃王之乱，受封于赵城，他的族人就以赵为氏[5]。赵氏族人非子在周孝王时为周孝王养马，甚有成绩，受封于秦，算作一个附庸[6]。

在西周破犬戎攻击的时候，秦襄公曾派兵援周；到了西京倾覆，秦襄公又派兵援助迁到洛阳的周平王。为着周天子再无力量顾及关中的旧疆，秦国就乘此时机，收容周的遗民，然后解决泾渭平原的游牧部族，周也承认了秦的势力，列为诸侯[7]。到秦穆公时代，秦就成为西方的霸主。穆公死在前六二一年，这时秦的地位已经非常重要了。

春秋时代秦晋两国世为婚姻，秦国的文化方面受到晋国的影响很大。到了战国初年，三家分晋，魏文侯称霸中原，魏文侯所用的李悝，便是中国第一个做成成文法的人，也可以算上中国法家系统的创建人；不仅影响到三晋的制度，而且也影响到秦国政治的方向。秦孝公时代，魏臣卫鞅本想给魏国变法，使魏国更适于法家的理想，成为绝对的君权国家。无奈魏国究竟是一个中原国家，牵涉太多，不是实行法家思想的最好地方，于是卫鞅逃到秦国，大受秦孝公的重用。

秦孝公即位在前三六二年，这时秦的军力已经增强。在孝公即位前二年，秦献公已大破三晋的联军。到孝公即位，更采用卫鞅的主张，提高君权，打击贵族，贯澈土地私有政策，把农奴一律变为平民，而由政府用"什伍"的方法组织起来，秦就一变而成为真的"农战"的国家。

秦国的基本区域，关中平原，本来也算一个肥沃的地区，不过比起黄河三角洲，那就规模小得多了。当中国的长江流域和辽河平原未充分开发以前，黄河三角洲要在中国财富之区数到第一位。战国时代，所有国家的视线都集中在这一区。邻近的几个大国，都因争这一区把实力耗尽。秦国距此一区较远，反而可以置身事外，整军经武，选择一个最有利的时机，提兵东进。等到东方国家发现秦国是一个可怕的敌人时，再来防御秦的略地已经太迟了。

东方国家犬牙相错，各人有各人自己的利益；若想不管占便宜吃亏而来专对付秦，是一个困难的事。在这种状况之下，变成三晋损失士卒，而齐国坐观成败。至于楚国虽然和秦交界，却不是当着秦向东发展的冲途，秦的侵楚较秦的侵三晋比较缓和些。因此当三晋危急之时，楚的援助不过虚张声势，没有直接的效果。到楚境受侵时，三晋感到一时松了一口气，当然也不会积极攻秦来移祸到自己，有时甚至还想借着机会在楚境扩张领土。在这样不合作情形之下，秦国对东方的蚕食自然是非常有效。到了秦始皇即位的时期，秦的领土除去现在的陕西、甘肃、四川，并且还扩张到现在的山西、河南的西部以及湖北的西部。差不多在东经一一四度以西的中原地带都是属于秦国的领土了。

秦始皇是前二五九年出生的，在前二四七年继他的父亲庄襄王嗣位为秦王。在他继任以前，却有一段传奇性的故事。

本来庄襄王是秦昭王太子孝文王的儿子。孝文王的儿子有二十余人，他不是长子，本来在兄弟中是无举足轻重的。他被派到赵国做交换的"质子"。质子是一个苦差事。虽然战国的习惯，质子没有什么危险；可是一方面和本国的政治隔离，另一方面是秦、赵时常失和，当两方用兵之际，质子就失掉经济的来源，会时常闹穷。此时有一个韩国的大商人吕不韦在赵国都城邯郸经商，看到这种情形就认为是一个设投机事业的最好机会。

秦昭王这时已经老迈，孝文王继承王位，是旦夕的事。孝文王宠爱的"华阳夫人"，是最有做王后的希望的。不过华阳夫人无子，将来的太子是谁，还不能决定。吕不韦看透了这一点。于是一方面供给庄襄王（名异人）的生活费，另一方面用金钱的力量设法找关系游说华阳夫人，使华阳夫人了解庄襄王的容貌和能力都够上继承人的资格，将来立为王嗣后，可以成为华阳夫人的党羽。结果吕不韦的计划成功了，华阳夫人接受了庄襄王成为她的儿子。后来孝文王嗣立后，华阳夫人成为王后，而庄襄王成为太子。

孝文王嗣立时已五十多岁了，立了一年就死去，庄襄王就正式继位。当庄襄王在赵国做质子的时期，因为得到吕不韦的资助，和赵国豪家之女结婚[8]，生了一个儿子，名子叫政，后来就是秦始皇。

当庄襄王在位时，吕不韦拥立有功，本已重用他做相国，等到庄襄王嗣位七年死去，吕不韦就取得了辅政的地位，加上了"仲父"的尊称，受封了洛阳周的旧疆作为他的食邑。他仿效了齐国孟尝君、魏国信陵君等贵族招集"食客"的旧例，他也从东方各国招集了诸子百家的谋士三千人，照他的计划编成一部《吕氏春秋》。

　　《吕氏春秋》在《汉书·艺文志》中被称为"杂家"的，因为是一部"兼儒法，合名墨"的书，不过追溯这一部书编纂的宗旨，并非像宋代初年编纂《太平御览》《册府元龟》等四部大书，为修书而修书，除去集成汇集而外，其中并无建立一个哲学系统的目的。至于《吕氏春秋》那就完全不同了[9]，它是以道家思想为主，把其他思想及学术，归纳于道家原则之下，预备着秦国统一天下以后，作为治天下的方案。但是吕不韦的权势太大，太后方面也树立另外的势力来抵抗吕不韦。这是历史的常例，当权臣把持朝政之时，宫廷方面一定会利用宦官来牵制。这时太后也就利用宦官嫪毐，招集了门客一千多，并且把卫尉、内史、佐戈，都位置了嫪毐的党羽，和吕氏相抗拒[10]。

　　庄襄王是前二四七年去世的，当时秦始皇尚幼，到了前二三九年，秦始皇已经二十二岁，要行冠礼（成人礼）可以亲政了[①]。自然他是不愿追随吕不韦的政策的，他要走他自己的路了。

　　秦国都城是咸阳，秦王的冠礼却是在雍（陕西凤翔）

―――――――

① 　编者按：秦王政行冠礼、亲政，是在公元前二三八年。

去举行的。当秦始皇到雍行礼时候，嫪毐就举行叛变，向雍进攻。秦始皇也命令昌平君和昌文君等领兵抵抗。交战的结果，嫪毐的兵败了。他就把嫪毐及其同党重要的人处死，牵涉的党羽被免除爵位而流放到房陵（今湖北的房县）的，有四千多家。

秦始皇既平了嫪毐之乱，势力大增，就对吕不韦动手起来。他认为吕不韦纵容了嫪毐，在前二三七年把吕不韦免去相国的职务，离开咸阳住在洛阳的封地去。但是吕不韦的社会地位太重要了，他无法拒绝东方各国士人的拜访来往，六国的使者也不断的访问。吕不韦畏罪自杀，他的门客仍然给他办丧事。于是秦始皇命令，凡是吕不韦的门客如其是晋人（东方人）一律驱逐出境，如其是秦人而俸禄年在六百石以上（即有朝籍的中等官员以上）一律免职，也迁到别处。继此以后嫪毐及吕不韦的势力被铲除净尽，秦始皇便很容易的布置他的主张了。

战国时代儒墨虽然同为显学，但作为一个君主对这种"自苦为极"的墨家是不会考虑的，只有儒家及其他各家了。儒家在秦始皇的时代，荀子是当时的大师。和荀子对立的孟子强调人民的重要，以及对于君主的"草芥寇雠"的论调，也自然为君主所不喜。在这种状况之下，儒术方面当然是以荀学为主的。（在齐鲁的儒生也会暗中用孟子原理，但公开说来，孟学一定被压抑的。）荀卿的礼治论本近于法家，而性恶论更是替法家找根据。当时，秦始皇对于他的政敌吕不韦的道家精神既然不至再采用，而儒家又是前学占优势的时期，再加上秦的传统受三晋的影响向来较深，则秦始皇的倾向法家，就是一个顺理成章的事了。当然百分之百法家，不参杂一点别家思想也是不可能的；在秦始皇政治之中，我们可以看出来的，也不可否认的，当多少有些儒家荀学的成分存在着。这一点对秦来说虽然不太显著，可是对代秦而兴的汉来说，还是十分有用的。

当秦始皇亲政的时期，东方的局面大致已经看出了，东方诸国只是勉强支持，秦的吞并天下，只是时间问题了。但是东方诸国彼此还是不合作的。前二三六年，赵攻燕，燕兵败。秦便以救燕为名攻取赵的上党郡[11]，一直威逼到赵的河间。这时赵只有调回防御匈奴的李牧，用边防军来抵抗秦，把今绥远一带的赵地放弃了。李牧抗秦甚为得手，曾屡次击败秦军。但是李牧名望抬高，又受了秦的反间，赵王在疑忌心情之下，在前二二九年杀了李牧。从此赵国无可用的将了。

在六国之中，韩为最弱。在前二三三年，韩王安被秦胁，对秦献公称臣，并献南阳地。到了前二三〇年，秦将内史腾领兵入韩都，虏韩王，以韩国为颍川郡。在前二二八年，秦遣王翦攻赵。赵不能抵御，于是秦兵攻入赵都邯郸，赵王被俘。赵公子嘉率宗族逃到代郡，自立为代王。但六年以后，前二二二年，仍被秦军所灭。

当秦灭赵以后，在前二二七年时，秦大破了燕、代的联军，攻入燕都蓟，燕迁到辽东。秦暂时停兵一下，在前二二五年遣王贲攻魏。魏人坚守大梁。秦人引黄河的水来灌大梁。守了三个月，大梁城坏。魏王假投降。秦灭魏。在前二二四年，秦已灭韩，灭赵，灭魏，并且打垮了燕、代，于是就计划攻楚。秦国首先低估了楚国的实力，只用李信领兵二十万人进攻，楚国由大将项燕应战，被项燕击溃。秦只有起用王翦领兵六十万人攻楚，俘虏楚王。项燕再立昌平君负刍为楚王，和秦兵再战，项燕战死，并俘虏楚王负刍。在前二二二年再平定楚国的江南地带。

就在灭楚的这一年，秦派王贲攻进了燕的辽东，俘虏了燕王喜，再回师灭代，俘虏了代王嘉。这样全东方只剩了齐一个国家了。齐国因为齐相被秦收买，认为秦兵不至于攻齐，一直没有做任何攻守的战备。齐国本来富庶，四十多年不曾受兵，完全忘掉了战争。等到王贲的大军从燕南下，齐国完全没有抵抗，就进入了齐都临淄，把齐王及齐相都俘虏了，齐也就灭亡了。秦始皇就从前二三三年到前二二一年，十三年之间完成了统一全中国的任务。

三　秦的施政及秦的灭亡

就郡县制度在中国历史上来说，确实开了一个新局面。虽然六国之中也各个施行郡县的方式，但是将中国这一个大区域，用郡县制度统治在一个中央政府之下，那就是一个新的尝试。就秦的政治来说，《吕氏春秋》确是一个统一政策的蓝图。不过《吕氏春秋》究竟是个"闭门造车"的设想，并非从统一的经验得来，其中不完不备之处实在太多。何况秦始皇有他的骄傲感，有他的自信心，决不愿再抄袭他的政敌吕不韦的旧作。他当然为着表示权威要另外设计。

但是有一点秦始皇仍然多少受到吕不韦的影响。吕不韦希图兼容并包，秦始皇初期的政策似乎也多少有些兼容并包的企图。秦始皇是生在赵国的邯郸，到十三岁才回到秦国。过继的祖母华阳夫人是楚国人。孝文王见华阳夫人楚服去见，华阳夫人把他的名子改为楚①。那就到秦以后，在生活上一定不少地方接受了赵国和楚国的方式，这些地方若说对于秦始皇不生影响是不可能的。所以秦始皇的思想方式和生活方式，一定会兼取秦国和东方的因素。秦始皇并吞六国以后，把六国宫殿仿造在咸阳北阪上，这一点也证明了秦始皇对于六国文化的向往。从此看来秦的划一制度，其中一定有六国的因素存在着。但秦始皇的法家倾向，尤其是他的晚年，更显著极端的专断的态度，这样就把兼取的事实遮掩住了。

在秦始皇二十六年时（前二二一年），六国尽灭，新的帝国成立了。始皇就命令丞相及御史大夫议帝号。当时丞相王绾、御史大夫冯劫、廷尉李斯及博士[12]等同议说：

> 古有天皇，有地皇，有泰皇，泰皇最贵。臣等昧死上尊号，王为泰皇，命为制，令为诏，天子自称曰朕[13]。

秦始皇同意了他们的建议，只是不用泰皇，而合并皇字与

---

① 编者按：此处应系始皇父异人（庄襄王，孝文王之子）自赵回秦后楚服见华阳夫人，后者甚喜，改其名为子楚。

帝字称为"皇帝"。并且认为谥法是"子议父，臣议君"，不再用谥法，自称为始皇帝，以后以二世、三世相称。

当这个时期战国阴阳家的"五德"说已经非常流行了。五德是金木水火土，用相克或相生的方式，递传朝代。其五行的数字，是依照《尚书·洪范篇》，水为一和六，火为二和七，木为三和八，火为四和九，土为五和十。秦代周而兴，应当属为水德，色彩是黑色，数目是一或者是六，因为一太少，所以用六来纪。符节用六寸，以六尺为步，天子的车用六马来驾[14]。九卿的数目虽然是九，但加上三公共为十二，仍为六的倍数。外郡在始皇二十六年时，共为三十六。不过后来的郡数却有增设，大约不限于六的倍数。

秦的郡数，最先置郡的，是秦及六国境域。其中关中地方，属于内史，不在郡数之列[15]。计为陇西、上郡、北地、汉中、蜀郡、巴郡、河东、河内、三川、颍川、太原、上党、东郡、砀郡、邯郸、雁门、巨鹿、代郡、渔阳、上谷、云中、右北平、辽东、辽西、南阳、南郡、黔中、齐郡、琅邪、长沙、九江、泗水、楚郡、薛郡、东海、会稽，共为三十六郡。其后降东越，置闽中郡，取陆梁地，置南海、桂林及象郡；收复旧赵国的河南地，置九原郡，大约为四十一郡，或者到了四十三郡[16]。

秦修长城是在历史上非常著名的。只是秦的长城并非秦始皇开始才修，而是在六国时各国已经各有长城，其在北边的有燕和赵的长城，秦代把燕、赵和秦的旧长城，联贯起来，加强工事就做成了。秦的长城是东起浿水，西至临洮，就是从今韩国的大同江岸开始，包括辽河区域，再经过今内蒙古的北部，利用阴山为塞、再向西南的洮水附近[17]。至于河西走廊的北部，却不包括在内，这一段是汉武帝时开发河西四郡以后才开始修筑的。

秦代是用三公九卿制度的。三公是丞相、太尉和御史大夫。丞相总管全国的行政，太尉总管全国的军事行政。御史大夫是御史的首领，也就等于皇帝的秘书主任，凡所有诏书是皇帝交御史大夫来办，然后下给丞相的[18]。在丞相以下，九卿和郡守是平行的，原则上九卿处理畿内事务，但演变结果，九卿有时也管到外郡地方有关九卿职守内的事务了。

至于九卿的名称，和汉代略有不同，但从汉代的材料还可以追溯出来的，即[19]：

（一）廷尉 掌刑法。

（二）奉常 掌祭祀。

（三）卫尉 掌宫殿禁卫；郎中令掌执戟，即原属卫尉，汉代列为九卿。

（四）太仆 掌车马。

（五）典客 掌宾客及朝会；汉代改大行令，再改名大鸿胪。

（六）宗正 掌宗室。

（七）少府 掌宫廷庶务。

（八）中尉 掌京城守卫；汉武帝时改为执金吾。

（九）内史 掌京畿地方行政；秦代财政已别为治粟内史，汉代改为大司农。

在地方行政上，是以郡守为领袖；守下为"丞"，是守的副手，有"尉"，管地方上的军事。另外若干郡派一个御史监督，称为"监"（汉初不再由御史监郡，由丞相派丞相史监郡。武帝时再由天子派任，称为"刺史"）。郡下设县，县长在大县称令，小县称长。县长以下也有县丞和县尉。县以下再分为四五"乡"，一乡再分为若干"里"。乡的事务由乡啬夫管，里的事务有里魁管。原则上是二十五家至百家为"里"（大致为一平方里面积为准）。此外在主要的道路上，十里的距离设一"亭"（按距离，不按面积），亭有亭长，主修整道路，逐捕盗贼。

从丞相府至县廷，其办事人员分为各"曹"（近代称为"科"），其主持人称为掾，辅助人称为属或史，一律由各机关首长任用，不隶于"朝籍"的。

秦始皇统一全国以后，便画一了全国的一切制度。因为新的制度是有计划的，中国各处便很快的适应了新的制度。在六国时期各处有各处不同的写法。秦始皇采用简化过的周代传统篆书，号为小篆（旧的繁体称为大篆），作为书写的标准[20]。统一了天下的度量衡，并且在度量衡器上，刻上诏书。在战国时各国所用的钱制极不一样。当然圆钱最为方便，秦就一律采用圆钱，以半两重为标准，钱文是"半两"二字[21]。

秦始皇统一天下以后，便在各国旧地屯戍重兵，以防反叛。并将收到的六国兵器，铸成了十二个巨大铜人，排列在宫庭前部。这十二个铜人都是胡人的容貌和服装。（可能是斯克泰人的容貌和服装。大致铸造的方式，受斯克泰文化的影响。）他又在咸阳的北阪上，仿造了六国的宫殿。但最大的宫殿，却建造在渭水之南。这个宫殿到秦亡尚未修好，所以不曾命名。因为前殿是四方流水的屋顶，即四阿式，所以被叫做"阿房"（参看第一、二、三、四图，这些图是采用报告原图）。后来汉代的长乐宫，是阿房附近别殿被毁的残余。而未央宫却又是依傍长乐宫的地位新建的宫殿[22]。

秦始皇受到《尧典》的天子巡狩四方的影响，并且又受到了燕齐方士的影响，派遣方士去求神仙[23]，他自己也到处巡行，一方面为镇压六国的遗民，另一方面也想遇见仙人，给他仙药。他西至陇西，北到北地、碣石，东至泰山芝罘、成山、邹峄、琅邪，南至会稽、洞庭、衡山。他在泰山、邹峄、芝罘、琅邪、会稽、碣石，均立石颂功德[24]。当然他确自信统一了中国，消除了战国时代对于人类的威胁，这种贡献是不小的。他当然也不会预料到他的统治下潜伏了无数的问题[25]。

秦始皇的刻石，表明了秦代的政治方向。《琅邪刻石》说：

维二十八年，皇帝作始，端平法度，万物之纪。以明人事，合同父子，圣智仁义，显白道理。东抚东土，以省卒士，事已大毕，乃临于海。皇帝之功，勤劳本事，上农除末，黔首是富。普天之下，抟心揖志，器械一量，同书文字。日月所照，舟舆所载，皆终其命，莫不得意。应时动事，是维皇帝，匡饬异俗，陵水经地。忧恤黔首，朝夕不懈，除疑定法，咸知所辟。方伯分职，诸治经易，举错必当，莫不如画。皇帝之明，临察四方，尊卑贵贱，不逾次行。奸邪不容，皆务贞良，细大尽力，莫敢怠荒。远迩辟隐，事务肃庄，端直敦忠，事业有常。皇帝之德，存定四极，诛乱除害，兴利致福。节事以时，诸产繁殖，黔首安宁，不用兵革。六亲相保，终无寇贼，欢欣奉教，尽知法式。六合之内，皇帝之士，西涉流沙，南尽北户。东有东海，北有大夏，人迹所至，无不臣者。功盖五帝，泽及牛马，莫不受德，各安其宇。

在这里可以看出来，在秦始皇二十六年，统一天下以后，所定的政策，是法儒兼用的。譬如"合同父子，圣智仁义"、"日月所照，舟舆所载，皆终其命，莫不得意"皆是儒家的原则。所以秦始皇的政策，还是汉朝时期的所谓"王霸杂之"，和汉代政治的方向并非完全不同。所以秦的法律到汉代一直采用，修改的部分不多。这部法律，也就成为中国各朝的法律的蓝本，一直到清代。其失败的原因还在执行的态度方面。

人类的社会，是息息相关的，也是休戚相关的。人君，最高的执行人，也是社会的一部分，他在社会里面而不可能超出社会之外。他不可能把人类社会变成一个无机的机械，而他安然在机械外面操纵。法家任法，是想把人类社会做成一个类似的无机体；法家任术，是想把人君做成无机体以外的操纵人。纵然理想相当合于逻辑，可是执行起来一定困难重重。譬如依照法家的原则，君主应当具有不测之威，任何人不能猜度的，所以宫禁中事成为极端秘密。始皇尝到梁山宫，望见丞相车骑众多，始皇不悦。或以告丞相，丞相减损了车骑。始皇大怒，认为左右漏泄了他的话。于是尽杀了随从的人。以这件事情为例，泄漏秘密的人当然被处罚，可是更多无辜的人，也无故被处罚。演变的结果，一定使群臣失掉良心上的责任感，而只是被迫的相互欺诈。对于国家的前途仍然是危险的。

秦始皇的绝对法家倾向，在政治效率上是强的，但是总不免充满了冤抑和虚伪，总会使人感觉到是风暴前夕的宁静。不是没有人想设法去补救，而是当时一切的设施不能容忍任何改革。秦始皇三十四年（统一中国后的第九年），始皇置酒咸阳宫，博士七十人来进酒。博士仆射周青臣上功德说废封建立郡县，人人安乐，无战争之患。博士齐人淳于越指责周青臣当面谀谀，主张实行封建。始皇将这个意见交给群臣来议，丞相李斯说："现在天下在皇帝统制之下，是非只有一个标准。私人的学术对于国家的政策，往往有人心中认为不是，出外又群相批评，以为和主上不同是高尚的，以致成为谤议。照这样不禁，那就君主的势力要减削，而臣下的党羽也会形成。不如以禁为是。臣请史官的记载除去《秦纪》以外都要烧掉。除去博士官所管的，天下敢有藏《诗经》和《书经》的处死刑，倘若以古代批评现今的并罪及家族。其医药、卜筮、种植等类的书不烧。不得私相传授学术，若有人愿学的，一律从官吏去学习。"①这个极端性的建议，秦始皇批准了，古今第一次禁书的事件，就形成了。

这里谈到的是天下的书都烧掉，只有两种少数的例外：（一）博士官所职的。（二）医药、卜筮、种树等一类的技术性书籍。实际上在当时是明白的，在后世无法明白。例如"博士官所职"，这些书是博士官有一个图书馆？还是博士官准许私自带一份自己学术分内的书？这就区别很大。秦代博士情形，虽然不十分清楚，但汉承秦

---

① 编者按：据《史记·秦始皇本纪》和《李斯列传》记载，所禁《诗》《书》外，还有百家语；有藏者三十日内告"守、尉杂烧之"，其后有犯者，才"黥为城旦"；处以死刑的，是"偶语《诗》《书》者"，而以古非今者，施以族诛。

制，汉代博士职务内的书籍，都是出于"师承"，显然是博士自己的书，不属于公共图书馆。不过倘若博士去职，博士私人的书违反了"挟书之律"，就得销毁了。其次汉代皇帝的书，是属于"中秘"的。秦代皇帝自己不可能没有书，这些书依秦代情形应属于"御史"，不属于"博士"。李斯建议中当然不能指斥到皇帝的财产，那么御史的藏书，当然属于例外。（可是历来讲历史的，都未曾注意到这件事。）这就无怪后来萧何入秦，先收御史的图籍。御史的图籍，也就等于汉代中秘的图书。最可惜的是六国史书在始皇三十四年这一次全部焚毁，甚至御史也不藏此类的史书。萧何只能收到一部《秦纪》，后来司马迁做《史记》，根据《秦纪》做成了《秦世家》和《六国表》[1]。只可惜《秦纪》太简略，只有年份而无日月，这就无可如何了[26]。

焚书是根据韩非子的理论而来的，下一部就是坑儒了。坑儒的理论应当是从《荀子·宥坐篇》"孔子杀少正卯"一事而来的。先秦诸子及各书无孔子杀少正卯事，在《荀子·宥坐篇》才初次出现。《宥坐篇》是否荀子所

---

① 编者按：应即《史记·秦本纪》和《六国年表》。

作，当然有问题。不过总是荀子系统下的篇章，和韩非子等法家比较接近的。坑儒一事是这样的。原来徐福一去不返，到了始皇三十五年，方士侯生和卢生又逃跑了。始皇大怒，说："诸生可能造妖言来煽惑黔首（老百姓）。"使御史按问，诸生转相告引，于是挑选出来诸生之中有嫌疑的四百六十余人，都在咸阳活埋掉。此后诸生再不敢随便发言了。

秦始皇的晚年尤其是三十四五年后性情好像是更暴燥些，非常可能是服食药剂的结果[27]，但是仙药还是不断的求访，骊山的大墓还是继续的修造，秦始皇自己还是不断的巡游各处。到了三十七年七月始皇行到平原津（今山东平原县境），发起病来，病越来越严重。当时长子扶苏因为进谏坑儒的事，被始皇派到北边，监督蒙恬的边防军。也可能他认为他的长子有鸽派的倾向，到北边去接近军事，变得鹰派一些，才接近他的理想。因此只有少子胡亥随从他。但是他的病越来越重，行到沙丘乡（今河北平乡县东北）就死了。遗诏给扶苏会丧而葬，也就等于指定扶苏为继承人。

当这个时候秦始皇的近侍，是中车府令宦官赵高[28]。他曾经教过胡亥法律，所以阴谋立胡亥为继承人。和李斯商量，李斯原先不赞成，但是赵高说扶苏若立，必以蒙恬为相，李斯是不能安然退位返家的。（因为焚书坑儒都是李斯同意的，而扶苏却不同意。）于是赵高和李斯毁灭了真诏书，做假的诏书赐扶苏及蒙恬死，而立胡亥为二世皇帝。

赵高和李斯这种行为是无法得到人同情的，于是就变成了"日暮途穷，倒行逆施"了。这时胡亥受到了赵高的挟制，深居宫中，公卿大臣都见不到面。赵高再把李斯杀掉，自为"中丞相"专断一切朝政。政治混乱，东方的叛变一天一天的扩大，秦国的前途就无法挽救了。

二世元年七月，正是秦始皇死去一整年的时候，泗水郡蕲县的大泽乡（今安徽宿县以南），停着九百多被征发去戍守渔阳（河北北部）的兵卒。天大雨不止，这支开拔的边防军已经不能如期达到指定的地方。秦法严，将吏失期的要处死。队中两个屯长（大队长），陈胜和吴广，就逼着只好激厉这些怨恨的兵士，一同造反。

他们冒着扶苏及项燕的名子[29]，攻城据邑，继续前进。到了楚国故都陈县的时候已有步兵数万人，骑兵千余人，车六七百辆了。陈胜便自立为楚王，而以吴广为假王[30]。他们的兵力一天一天的增加，各处响应的地方也一天一天的扩大。虽然后来秦将章邯的军队击溃了陈胜、吴广，陈胜和吴广都被部下所杀，但项羽及刘邦的军队终于击溃秦军。当刘邦的军队入了武关，胡亥责问赵高，赵高弑杀胡亥，立胡亥的兄子名子婴的为秦王。子婴刺杀了赵高。但时间实在太迟了，关内无兵可调。子婴降了刘邦。刘邦虽然对于子婴还想保全，可是项羽继至，他的兵力较刘邦为大，刘邦只好听项羽处分。于是项羽杀子婴，屠咸阳，焚秦宫室，大掠而东。从此关中残破，秦代的经营归于毁灭。关中重新缔建，是汉代以后的事了。

附注

1.“西安半坡”的发现，将详细的石器文化推到五千年以前。不过“西安半坡”的文化是否即是原始的华夏的一种，还需要进一步的证明。此时尚不能作任何决定性的讨论的。至于华夏文化的中心，究竟在黄河流域哪一处为合适？除去关中平原以外，例如汾水平原，以及河内河南区域，也都大有可能。也就是说“三辅”、“三河”及梁陈附近，都是古代文化的可能产生地带。

2.这是牵涉古代传说性的历史的。依照《左传》的传说，黄帝二十五子，其得姓的十二人，这十二个姓氏的宗派，把夏商周三代都包括在内，但是姜姓的齐不在内，嬴姓的秦不在内，芈姓的楚当然更不在内。本来姜姓自称为炎帝神农氏之后，和黄帝不是一支，周的姬姓，甚至商的子姓也不是没有问题的。《左传》："大戎狐姬生重耳，小戎子生夷吾"，到春秋时姬姓和子姬尚都有戎人，则商周是否原属戎人，自可怀疑。

3.税亩，就是表示田制度的破坏，还远在商鞅以前。周代的制度，是宗法、封爵、井田三位一体，井田制度破坏，其余的也破坏了。井田当然不是孟子设想的那样整齐。不过是分公田私田，公田由佃户耕种，公田收入归公，应当不误。这就是"助"的办法。"助法"不行，就不分公私一律抽税，就是"税亩"，也就是"贡"。在"贡法"之下，诸侯是一级地主（大地主），大夫是二级地主（二地主），如有士，还可能是三级地主。如其诸侯直接抽税，不再转手，只给大夫和十薪水，那就是"彻"了。参见注4。

4.管子在先秦诸子之中，是属于法家的。其实在管子时代，还不会有法家这个学派。但管仲的政治趋向，那就毫无疑问，应当归入法家的。孔子是把全部精神寄托在周公时代的。周公时代是西周的极盛时期，不过周公一切的设施，自然由于周公时代的特殊背影。孔子一心想恢复周代的盛世，但时代已经变了，孔子时代的问题不再是周公时代的问题。所以孔子所想到的办法，也就自然而然的走向"强公室，杜私门"的路上去。而当前鲁国的三家，就成为孔子心目中的敌人了。《论语》中孔子回答哀公"年虽用不足，如之何"，是"盖彻乎"？这句便是"废井田"、"开阡陌"的先声。孟子言"周人百亩而彻"，又说"虽周亦助也"，这就开启后世的大疑。其实田赋只有两种可能办法，即服劳役或纳粟米。彻可以增加公室收入，显然不是劳役或粟米的区分，而只是取消中饱，直接抽收，那么助、贡、彻的区分就在管理的方法上。所以助是公室及封人各有田地，各人有各人的佃户（或农奴）来助劳役。贡则公室的田地已分给封人，从封人之手再贡献粟来给公室。彻是封人不再有田地或佃，一律由公室征收（劳役或粟米），封人的生活费由公室发给。这当然是强公室、杜私门一个最好办法。虽然实行起来并不简单，但主张"彻"和废井田开阡陌，还是一贯的。这一种以"农战"为主的国家政策，当然深深影响到秦的法律。就湖北云梦县卧虎地新发现的《秦律》来看，其中有"田律"、"金布律"、"关市律"、"司空律"、"徭律"、"厩苑律"、"傅律"、"置吏律"、"军爵律"、"捕盗律"、"捕亡律"、"内史杂律"，显为李悝《法经》中"盗法"、"捕法"、"杂法"等发展而来。而其中含有"农战"的意味很深。

5.这个赵氏族人一直是以御车出名的。造父的后人赵夙为晋献公的御，灭了耿、霍和魏。赵夙受封于耿为大夫，就是晋大夫赵孟一支的先世。秦的先世因为也是"诸赵"的一支，所以《史记》称秦始皇姓赵氏。

6.附庸是小规模的诸侯，地方太小不列于正式等次的。当时约为公元前九〇〇年左右，秦在今甘肃的天水。

7.秦的爵是伯，春秋时郑伯和秦伯，过去都是畿内的封国。

8.关于秦始皇的母亲，《史记》上有矛盾的记载，一处说是豪家女，另一处却说是吕不韦的姬妾。豪家女不可能做人姬妾的。但秦亡国迅速，而吕不韦余党甚多，所以其中一定有造谣出来对秦始皇不利的谰言，自以豪家女一点较为可信。

9.先秦诸子思想之中，只有儒家是综会广博，其他各家除去表达自己一部分思想之外，并无集成文化的宏图。先秦道家纂述，《老子》不过是一些格言，《庄子》不过是一些论辩。关于礼乐书数，在道家书中一点也看不出来。道家只说"无为而治"，"无为而治"只是一个空洞的理论，从来未曾实行过。吕不韦是真想用道家理论治国的人。《吕氏春秋》是一部道家治国的创始蓝图。等到汉代，《吕氏春秋》所辑《时十二纪》，除去道家的《淮南子》以外，儒家的《礼记》也把它改进去，略加改定，成为"月令"篇了。

10.嫪氏在别处作嫪，嫪氏为赵人，《史记》《汉书》的《南越传》的樛氏也是赵人，二者当为一家。因为姓氏在秦汉时期写法往往不同，如晁氏可写作鼌，袁氏可写作辕，乔氏可写作桥，杨氏

可写作扬，等等。《史记》记载嫪毐系根据传说，未必可信；不过
《战国策》言吕氏、嫪氏对立情形，大抵可以认为是真象。嫪氏赵
人，与太后同乡，应当本是太后的私人。况宦官接近女主，容易得
到信任，例如东汉宦官之权，就是得邓太后时开始的。卫尉是掌宫
殿守卫，内史是管理京畿地方，佐弋是掌弋猎之官。（至于嫪音
廖，樛音鸠，两字似乎不同音，那是因为上古音从翏，辅音是复辅
音"kl"，可以读为k，可以读为l的原故。）

　　11.上党郡本属韩，在前二六〇年时，秦攻韩，上党路断降赵。
秦攻赵，虽然秦将白起坑赵卒四十万，可是秦兵还是被信陵君无忌所
击破。秦兵退回，所以上党仍为赵有。

　　12.六国时之博士，备君王顾问。秦设七十博士，仿照孔子七十
弟子的数目。这种博士是以儒家为主的，因为儒家对于前代的礼治
最为熟悉的原故。秦的博士如伏生、叔孙通等，到汉时尚生存。

　　13.关于三皇传说，为天皇、地皇、人皇，而无泰皇。泰皇乃是
东皇泰一之简称，亦即上帝，此为神号，而非人号。对于称天子，
究竟有些不合适。（帝即禘，是一种祭祀，用于上帝或祖先的。不
过到战国以来帝字用在设想上统一天下的君王，已经成习惯了，所
以没什么问题。）秦始皇用综合的公式，合并用皇帝二字，确为较
好。制是回答君臣奏书的诏书，是一种指令式的；诏是从天子发出
"训令"式的诏书。

14.古代的马车是驾一马或二马，驾一马的双辕，叫做辕；驾二马的单辕，叫做辀。更华贵的，两马以外再前方左右各一马，共为四马。周天子亦只用四马；周穆王的八骏，指两个车的马而言。秦代才开始在四马以外又加二马。魏晋人作《尚书·五子之歌》，"予临兆民，懔乎若朽索之驭六马"，就不是古制了。

15.郡本来是指边区的，战国各国的郡，都不指王都所在的地方。秦的卅六郡也不算都城所在的内史。内史列入卿之内，不列入郡守数目之内；到了西汉，三辅（京兆、左冯翊、右扶风），仍然不采用郡的名称。

16.考证卅六郡的郡名，主要的据《汉书·地理志》；不过《汉书·地理志》也有疏略的地方，不能完全整理出来。过去如全祖望、王国维、钱穆等都悉心考订卅六郡的郡名，只是他们都忽略了河内这一个区域。河内是商的故都所在，魏文侯所重视的邺也是此处，到魏惠王时仍是一个重要区域。汉代对于三河（河内、河南、河东）的重视，仅次于三辅。这样一个地方秦绝不能不置郡。只是《汉书·地理志》把河内标出楚汉之际的殷国，把秦代设郡漏掉了，是应当补入的。

17.在临洮地方，今甘肃和青海交界处附近。

18.史官的职务本来是卜筮兼记录。后来就专指文书一类的事。御史指皇帝的秘书，等到秦时兼任弹劾的事。再到汉代，御史大夫成为副丞相（御史出外任弹劾之职，由御史中丞成为首领）。汉代御史大夫之任既尊，自为一府，于是皇帝秘书一任，就调少府属官尚书来担任，尚书令成为秘书主任。长期演变的结果，后代尚书令变成了宰相，尚书也成为阁员了。

19.因为郡守或汉时的郡太守，只管京畿以外的地方行政，所以和九卿职等不同；有关外郡的事，是由丞相直接下书，不关九卿，这和后代的六部情形不同的。不过有些九卿牵涉地方上的，也令九卿和地方直接处理。例如太仆管皇帝车马，但有时也管军马，其牧场就可能分布到外郡了。内史掌京畿的地方行政，却也掌管收支，湖北云梦所发现《秦律》的《仓律》说："入禾稼，刍稾，辄为廥籍上内史。"所以秦代的内史是掌财务的。汉代分内史为三辅，仍然列为九卿；再加从卫尉分出的郎中令（后改光禄勋），亦即九卿加光禄勋、大司农、左冯翊、右扶风四卿，所以汉代号称九卿，实际是十三卿。

20.但是小篆写法还是比较迟重的，后来程邈更采用了楚人的笔法，来写小篆，更为方便，用在办公上比较迅速，称为"隶书"。到了汉代隶书更为通行，所有的文籍都去用隶书来写了。《六经》本来在战国时用各处古文来写，汉代也用通行的隶书来写，就被叫做"今文"的经典。

21.当时齐国用的是刀形钱，三晋用的是铲形钱，周及秦用的是圆形钱。秦统一天下后一律用圆钱，并用"天圆地方"的观念，钱是圆的，孔是方的，这种形式一直流行到后代，秦钱重半两，所以铸上半两二字。可是秦亡以后，私铸钱很多，轻重不等，也铸上半两二字。

22.秦始皇墓被项羽发掘，取其金玉宝器，不过墓内的建筑以及殉葬的陶瓦明器，显然是项羽看不上的。晚近秦始皇墓的陶俑和真人一样大小，并备有真的兵器，就已大量出土，不过这只是其中的一部分。

23.始皇屡次遣方士入海求仙药。徐福当然是其中最重要的一个人。徐福曾入海过两次，第一次失败了回来，然后说："未能至，望见之焉。"第二次再去，遂不返。相传徐福到了日本，自有可能日本亦有徐福墓，其事真伪亦无确证。不过中、日、韩的相互交通，春秋战国时已经成熟。徐福即使到了日本，其重要性不必夸张。因为到了日、韩的人，不是只有一个徐福。秦汉之际，天下大乱。这些时候从中国逃亡到日本到韩国的大量"亡人"，其对于文化上的重要性要更值得重视。

24.秦始皇刻石，现在只琅邪刻石尚存，但已多漫漶。泰山刻石仅存数字，但现存二十九字的拓本尚不少。邹绎山刻石只有宋代翻刻本，多失神态，长安本稍好一些，但和原本泰山及琅邪相去尚远。泰山刻石一般人认为李斯所写，并无确据。李斯是整理小篆的人，是否真擅长书写就不能决定了。

25.许多事实上问题往往不属于理论以及学派的。譬如贾谊作《过秦论》，但贾谊之学出于吴公，而吴公之学又出于李斯，李斯又是一个对秦代政治设计的人。

26.清刘大櫆《焚书辩》，责萧何入秦，不收取《六经》旧籍，以致博士所藏在项羽烧秦宫时完全烧毁。此说不确。项羽烧秦宫室，损失甚大，不可讳言。不过司马迁的主要根据的一部书《秦纪》，除属于萧何所取以外，别无可能。所以御史所掌的图籍，不仅舆图和档案，显然尚有书籍在内。汉代中秘的书，一定也有一部分是秦御史所掌的书，除《秦纪》外尚有别的书籍，只是其中《诗》、《书》及六国史记都已被毁罢了。

27.后代许多皇帝，如魏道武帝、魏太武帝、唐宪宗、唐武帝，均因服方士金丹性转燥急，喜怒无常。唐武宗尝问李德裕以外事，对曰："陛下威断不测，外人颇惊惧。天下既平，愿陛下以宽理之，使得罪者无怨，为善者不惊，则天下幸甚。"与秦始皇晚年的情形，颇有点像，只可惜李斯不如李德裕，不能以宽济猛，只以猛济猛，于是天下不可挽救了。

28.《史记》上说赵高是"诸赵之疏族"，所谓"诸赵"和齐"诸田"及汉初"诸吕"是同样的称呼。当然赵高不是赵国的人，因为不可能把六国遗民放在左右。秦汉的近卫郎官，只用"六郡

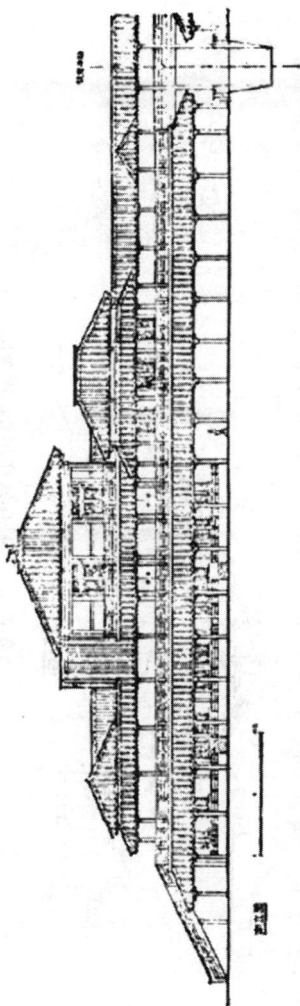

第一图　秦咸阳宫初步复原正面图

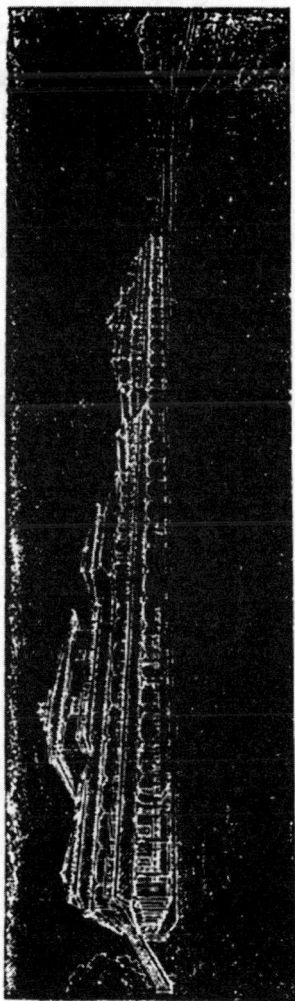

第二图　秦咸阳宫初步复原顶透视图

229

第三图　秦咸阳宫初步复原结构图

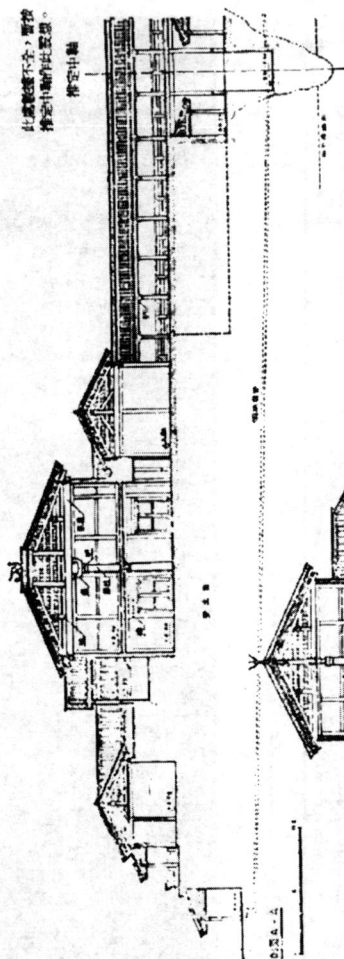

第四图　秦咸阳宫初步复原剖视图

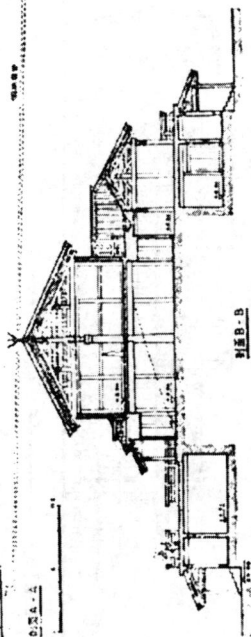

良家"，就因接近皇帝，不用函谷以东人的原故。如是秦国的人，那就秦国一定有一个可称"诸赵"的大族。再和《史记》说秦始皇"姓赵氏"这一句比较，也就会明白赵高是皇族中的远支，所以有机会掌权了。赵族分东西两支，参看《史语所集刊》三十一本，劳榦：《关东与关西的李姓与赵姓》。

29.陈胜吴广初起时假借扶苏（秦）、项燕（楚）为名，可见当时东方叛变的目的，政治性比六国旧国的民族性为大，这就表示着战国时代交通频繁，中国各处的文化已经融合。所以汉代仍然成功的统一着。但从另外一点看，项燕却是楚人崇拜的英雄，这也是项梁和项羽能够起来的原因。

30.假是"假借"的假，也就是代理的意思。后来"假节"的假，也和这里同一用法。

附记

此篇系由沈刚伯先生审查，审查后四个月，沈先生即逝世，成为他的最后一次审查上古史计划稿件。特此敬记悼忱。

编者按：原刊附图之"秦一统图"，不清晰，故删去。

从儒家地位看汉代政治

今天我们讨论的题目是"从儒家地位论汉代政治"。为什么讨论这个题目呢？因为我们要探讨汉代政治是个怎样的政治、汉代政治之影响有多大等问题，就必须先观察汉代的儒家地位。近代政治制度大多始于秦汉，至今虽有若干受西方影响，但中国传统还是存在的。甚至于新的法律，其中还保有固有的法律精神，这仍是从秦汉沿袭而来。我过去之所以研究汉代历史，就是想研究中国历代制度与汉的关系。但这个问题过于庞大，其中传递的细节，当然不是一两部书的叙述所能完全表示出来，但这个相承的关系，是不容忽略的。

关于儒家的地位，在最近五六十年来，一直是个争执很多的问题。从汉、唐、宋至元、明，很少人以为儒家地位有问题的。到了十九世纪晚期，因为受西洋学术史影响，看到西洋史中各家平等看待的原则，学术正统这个观念，并不被重视，而中国却不只有一个儒家，这就使写中国哲学史的人，要别换一个写法。所以认定了中国的学术，尤其在战国、秦、汉以前，是有许多派的，而儒家只是其中一支。今天我们所要讨论的是，儒家地位在中国传统上，究竟是正统，还是其中一支？如其是正统，应当是什么样的正统？如其是一支，这一支的重要性是怎样？因为讨论汉代政治，不能不牵涉儒家地位，二者实是息息相关的，但是为了澄清概念，我们还是先讨论儒家地位问题。

关于儒家地位，应当依据传统的旧说，认为是"主流"的，因为中国文化是从儒家思想保存下来的。为什么呢？我们除去依据《论语》一书来看以外，还可以由孔子可能阅读的其他书籍看出来。在孔子以前的书籍，例如《易经》《诗经》以及《尚书》的一部分，都可以认定曾由孔子看过，其中《尚书》的问题较复杂，今且不论。关于《易经》，有许多人怀疑成书于孔子之前或孔子之后，近来经过客观讨论，大多认为应成书于孔子之前，例如《论语》中引过《易经》的"不恒其德，或承之羞"，而《易经》中许多证据，更证明出于周初，此意屈万里先生就曾申论过。至今虽然还不知道《易经》作者是谁，但它在周初完成，是不成问题的。此外《诗经》更是孔子所常诵读的。孔子思想至少应当追溯到周公的，自周公起，仁爱观念已加入政治之中，而《易经》之中虽有被道家援用的观念，但更正确地说，《易经》之中儒家观念似要重于道家观念，可知在孔子之前，儒家思想已超过其他。

中国儒家已重仁义。这个观念在周初已经形成（参考傅孟真先生的《性命古训》）；至于孔子更是金声玉振，集其大成，将传统加以更广泛、更正确的诠释，因此孔子地位在春秋之后就已确定了。同时我们看老子、墨子、庄子等思想，虽然有些采自儒家，但他们所攻击的也是专对儒家。为什么呢？只因为儒家是主流，其他都算是别派，儒家的分量越重，受到攻击的可能就越多，因此，毫无疑问的，儒家是中国传统中最重要的思想。如其要树立一个新的思想，也就只有攻击儒家了。我们看，由秦汉以来，儒家的重要地位是不容忽略的。不只是立儒家博士的汉文帝、汉景帝，甚至秦始皇，乃至韩非，他们的思想也都不能脱离儒家。虽然在表面上汉代儒家地位，有时高，有时低，有时显著，有时低落，但无论如何，汉时儒家的地位已被确定。这是在讨论汉代儒家地位时，应该注意到的。

现在我们要讲到汉朝政治制度。汉的制度实承袭秦时制度；在秦的制度中，法家思想是显性的，而儒家思想则是隐性的。秦朝制度历经商鞅、韩非逐渐形成。商鞅之学实际上也受到儒学的影响，脱离不了孔子的思想（因为三晋思想形成于魏文侯时代，当时子夏实为大师）。至于秦始皇，虽然是反孔、反儒家的，但他也无法完全根除孔子对当时的影响。在此我们不能不讨论法家问题。法家思想追踪至最后，仍然是希望能以仁道、伦常治国，这伦常的价值实则为儒家思想的内容。诚然法家在刑法上与儒家不同，较为严厉，但基本哲学上还是不能摆脱儒家的。秦朝虽不谈儒家之学，但儒家的影响在当时实已存在。乃至到了汉朝，就实际上是以儒家思想立国、治国了。

汉初萧何是开国大臣，而张良、陈平和韩信号称开国的"三杰"，但就内部的影响来说，对汉最重要的却是汉高祖之弟楚王交。他在当年受了不少儒家教育，曾从浮丘伯学诗，影响了刘邦的思想，不容忽视。在汉以前，各国的王，没有一个祭祀孔子的；到了汉代，刘邦是历史上第一个以太牢祀孔子的人。这对于中国政治方向的影响至为重大，除了楚王交以外，没有人可以使刘邦这样做的。汉文帝虽然表面上是道家，但建立儒家博士的制度，文帝是汉代第一人，而且诏博士作《王制》篇，影响到汉代制度的标准，也是顶重要的。其后经过景帝，再到武帝，更是明白地正式罢斥百家，表彰儒术。这不仅是树立汉代的标准，而且也树立许多朝代的标准。后来汉宣帝曾一度认为汉家自有制度，"本以王、霸杂之"，不能舍"汉法"用"周政"，但实际上儒家是讲原则性的，而法制则是必须在客观立场上管理政治，二者之中，一站在道德立场，一站在技术立场，两者正互相为用。中国历来政治，以儒为主，以法为辅，二者交互使用；不只是汉，中国各朝多半是这样的。在这种状况下，毫无疑问的，是以儒家为最高原则，再以法家为客观的判断，这就是汉代政治制度的主要基础。这一种政治制度由汉延绵而下，直至明朝、清朝，都是这样。其中基本问题，只是中国几千年的专制独裁政体，其中的阴影，如何摆脱，却是当前的课题。

此外，在汉代又有另外一个问题，汉代有很多儒生与掌政的一些恶势力奋斗，例如：西汉的刘向、萧望之对于宦官，对于外戚王氏；东汉从李固、杜乔，以至于陈蕃、李膺和党锢中的名流，他们的奋斗，都是代表着原则的问题。除去儒家以外，法家对于这种对恶势力的奋斗，也不是不加注意的。譬如西汉的郅都，东汉的董宣，都是法家，保护"法"的立场，也非常明显。可见汉时的这种争执，并不是真正儒家与法家的争执，而是国家整体与个人利益如何平衡的问题。再换句话说，就是自由与保守之争的问题。

尤其一般人喜欢谈的，东汉晚期清流与宦官外戚之争，更与儒家有直接的关系。关于宦官和外戚这一个问题，显然的儒生站在一方面，而恶势力站在另一个方面。这在儒家方面，早已想到了"禅让"，主张不能以一个家族主宰一国大政，因为如果由一家世袭承继帝位，历经四五代后，一定会产生无能的君主。例如西汉历经数朝已经渐呈衰象，至东汉末，帝王更是无能。关于这一点，孟子早就主张选贤与能，并且更提出了"故国乔木"这一个原则。换言之，就是孟子虽然主张"禅让"，但"禅让"难于实行，只好想到用"贵族政治"来代替一姓的继承。这是很有眼光的，因为民主政治的前身，就是"贵族"和"皇室"争权。有名的"大宪章"就是这样形成的。只可惜孟子的理想未曾实行，也无法演进到国会的成立，是中国历史上一个不幸。当然，国会制度也不是十全十美的，国会制度也有国会制度的缺点。这就在一个国家还得培养政治家去善于运用了。

东汉后期政治转到外戚宦官手中，并非儒家所能预想的。儒家的主张实际上可说是国会制度的前身，或至少以贵族政治的方式来过渡，但是对于把持政柄的宦官外戚，那就在儒家的原则下是不能姑息的。但是这种正义的主张，是失败了，东汉末期，形成了党锢之祸。到了曹魏，又变成一种法家式不计是非的政治。这就使得儒生失望而渐次走向清谈这条路上去。永嘉之祸有人归罪于王弼、何晏，这是不太公平的，王、何的责任，还抵不上贾充。是谁造成了贾充这种人生观？毫无问题的，要推究到法家主张的魏武帝三令了。但我们应该知道，直至南北朝，还是有洁身自好、不走入空谈而努力于肩负实行儒家思想的儒生。即就事功来说，当中原丧乱之时，"午夜闻鸡"、"中流击楫"，又哪一个不是出于伦常大道的鼓励？到了唐、宋，有许多儒生仍然从事这种努力。而这种传统，可以说是渊源于汉，也就是说，儒家的传统地位是确立于汉政治之中的。

问：请劳先生为我们谈谈汉代的"黄老之治"。

答："黄老之治"是属于道家思想，"黄"指黄帝，"老"则指老子。"黄"和"老"可能是两种不同的思想，不过汉代的人谈黄老着重在政治，那就"黄"的成分比"老"多了。"黄老之治"概略来说是道家思想，也就是"无为而治"。但儒家并不是完全反对无为，甚至法家也曾讲无为而治，所不同的只是程度问题。道家之无为讲的是完全不做；儒家则是"恭己以正天下"；法家则是借着"法"和"术"，来控制天下，就可以省却繁复的手续了。所以中国历来的政治中，主张改革的一定是儒家和法家，道家因为主张一切无为，就认为改革是多事了。

问：那么孟子的思想又如何呢？

答：毫无问题的，孟子比孔子更主张民治。他的"民为贵，社稷次之，君为轻"那种论调，是以前所未有的。民治以贵族政治为过渡一件事，他也曾想到，所以他说"所谓故国者，非谓有乔木之谓也，有世臣之谓也"。只是最困难的，是古代中国虽有会议这件事，却无成系统的表决制度，这就阻碍中国民主政体的实现。

问：请问汉代和西域的关系怎样？劳先生对于"义渠"这个国家有什么新的看法？

答：由《史记》和《汉书》的记载可以得知：在汉代以前，中国与西域之间，后来的"河西"地带，是大月氏居住着，在秦汉之际为匈奴赶走，到了中亚细亚，延续存在了很久，以后不只成为中西文化之关键处，佛教亦是由此传入。但从《战国策》中和《史记·秦本纪》看出，秦国以西并无月氏国名，只有一国名为义渠，这是互相矛盾的。但依照上古音的读法，"义渠"和"月氏"可以通转，而且到了汉代，北地郡的义渠县又和安定郡的月氏道非常接近。可能这一个部族在设义渠县时，官方称为义渠，到设月氏道时，官方又称为月氏了。月氏是有许多部落的，譬如汉代月氏建国以后，在今青海地方尚有"湟中月氏"。而"月氏道"又是一部分月氏，那么义渠县也是一部分月氏，就不足为奇了。所以我曾假定此二者是相近，甚或是相同的一个国家，但至今尚未成定论。

问：您是否也可以谈谈王莽的政治？

答：王莽的思想，基本上是属于儒家的，虽然他有些政策近于法家，这是要改革，就需要集中权力的缘故。政治上改革往往是必要的，但改革也十分冒险，改革也往往会失败，因为任何改革，一定要事先有充分调查，要有事实根据，确定可以改革再予以改革，材料若搜集不够，改革就会出毛病。现代问题已经这样不容易办，古代资料不够，而且政治及经济上的看法更不成熟，失败的可能当然更大了。王莽时代，政治、经济和社会问题，要改革的当然不少，不过他却拿一部《周礼》作为"枕中鸿宝"，这就太危险了。《周礼》只是战国初年的人所作一部"理想国"蓝图，不仅其中制度根本未曾实行过，而且所有的思想背景、社会背景及经济背景，都是非汉代的，拿到汉代用，也是无法适合的。自然有关汉代的问题，除去极富于法家色彩的贾谊，曾经主张过许多改革的方案以外，在汉武帝的时候，董仲舒曾主张限田，这是社会政策的一个重要尝试，虽然有许多阻碍，不能实行，但在社会经济的改革上，不能说不占重要的一页。王莽的政治也有很多理想部分，关于价值评论上，是不能够用一两句话说定的；不过关于奴隶制度一件事来说，东汉的奴隶，有显著的减少，这是汉光武定"卖人法"的缘故，却也可以说是王莽旧法的延伸。人类社会太复杂了，用一种理想去做往往失败。但也会遗留一部分制度下来，成为后代的根据。

问：今天听了劳先生的高见，突然有种联想：有些人不重视现代思想，但现代思想之中，如三民主义的思想实有其可取之处，您是否谈谈这方面的问题？

答：我想这个社会，忠恕之道是必须存在的。"忠"是尽己之心，"恕"是推己及人，也就是己所不欲，勿施于人。换句话说，是要诚恳负责，随时想到别人。一个人做事一定要如此，才能免去不必要的争执。忠恕这二个原则一定要维持，它们不只是儒家的原则，甚至在各种宗教中，都有这种思想的存在；忠恕二字足可以推之四海而皆准。但世上不可能每个人均为圣人，必须有礼法辅助这二个原则；"礼"是在社会树立的标准，"法"是制裁的工具，使用于礼的标准之下，若有人不遵照这个标准，可以受到社会的制裁，但这是不够的，还是要有"法"来强制执行。中国法律当今虽行使新的法典，但立法精神还有不少地方保存固有的传统，这是必要的。至于三民主义是属于现代思想，现代思想在目的上要解决现代问题，却也和传统的问题、传统事实不能完全隔离①。中山先生曾推重《礼记》的《礼运大同篇》，虽然陈澔的《礼记集说》认为"大约出于老庄之见"，但从另一方面看，这正是儒家思想的扩大，而更适合于现代思想。这是一个世界性标准，应当算作一个正确的方向。

问：陶渊明的思想似乎受道家影响很深，那么他是否也有儒家观念存在呢？

答：关于陶潜，依照他的作品来看，可说有很深的

---

① 　编者按：劳榦先生此处所说系针对当时的台湾社会而言。

道家思想，主要是因为他那个朝代久经战乱，所以他主张让人民休养生息。他的《桃花源记》确实是老子思想的代表，具有无政府色彩。但以他的社会背景而言，也不能脱离儒家之思想影响。

问：您是否谈谈苏东坡与王安石的政治意见？据我所知，苏东坡是既受了儒家，又受了佛家思想的人。

答：关于这一点，我们可以说，任何朝代政治的争执，都可以分为若干派；有最偏左的，有最偏右的，还有中而偏左或中而偏右的。实际上，当时王安石这派人最走极端，但亦有中而偏左、中而偏右之人，苏东坡即属于中而偏左之人，他对于"免役法"的意见，就是同情于王安石的，若就其一般看法说，不但与王安石不同，就是与司马光也有所不同。做政治的人要顾及现实的，王安石太固执了，不曾顾及现实，苏东坡是顾及现实的，可惜他平日口头上容易得罪人，所以他也不容易爬上去。

问：如果论及当今中美关系，劳先生的意见如何？

答：美国对于中国的研究可算是极为诚心了，但外国人究竟是外国人，要研究一国之文化，原来即为困难之事，非但美国人不易了解我们，我们亦不易了解美国。而让他们了解，仍然要从我们了解他们做起。我们要下手的，不仅是现代美国人情风俗，更重要的还是美国的思想背景和历史背景。不过，美国一般人中，没有什么思想的最多。但美国思想的主流，还是人权与自由，再加上西部边疆发展的事实；这种模式的代表，应是美国大学中的知识分子。其中人数的比例，在美国人中当然还是少数，但影响到美国政治前途却相当的大，我们如何去了解，需要作相当的努力。如其在美国思想的基础上找一个和我们可以调和的出路，那就更需要相当的努力了。

问：儒家对宗教的看法怎样？

答：孔子曾说："祷之久矣。"可知孔子并非一个无神论者。不过在许多宗教的经典之中，有的荟集一些民族传说，有的强调一些神奇故事。拿孔子的"知之为知之，不知为不知"、"未知生，焉知死"、"不语怪力乱神"的原则来衡量，这些部分都是不能接受的。汉代纬书盛行，加上孔子许多神奇的面貌，这和孔子的主张并不符合。孔子"不可知论"在哲学上是合理的，但作为一个宗教，就缺乏对一般民众说服的力量了。所以儒家在原则上，可以作为一个宗教，却始终不能成为一个宗教。即使有经典，有教会，有教士，也不能成为一个宗教。但是就社会功能方面来说，确实仍然需要一些宗教。因此中国传统上，只好借用别的宗教来和儒家思想合作。有些宗教却是关闭式的，而不是开放式的（所以把"入教式"当成天经地义），但到了供儒家应用以后，就不能再像从前那样封锁关闭了。既然儒家在道德律已经自己有了一套，只借别的宗教来补充自己的不足，这在别的宗教看来，也许不够专一。但在各宗教之间，树立了客观、平等的看法，使得各宗教之间，有尊重别人的可能，这是中国传统上的成就。试看一看黎巴嫩和爱尔兰的不幸，我们更了解儒家立场的必要了。

霍光当政时的政治问题

一　绪论

霍光当政的局面在中国历史上是一个创局。汉武帝的内朝政源，是天子的秘书室。但因为将军也可以加入内朝，所以霍光是以大司马大将军的名义，来做内朝领袖的。自从建立了这一个制度上的惯例，到东汉时许多外戚，就以大司马大将军或者大司马车骑将军秉政。魏晋南北朝以后，大司马大将军就变成了篡夺的阶梯。但影响最大的，而成为一种固定制度的，那就要算日本的幕府制度。幕府制度的优劣，固然难有定评，不过霍光当政这一段在世界政治制度上树立了一个新局面、新形式，是不容否定的。

霍光也只是时势所造成的英雄。当然他本人处事的能力是可以说相当优秀。但他在这个特殊情况，前所未有的局面中，也是随事应付，并无远见。这也就是《汉书》中批评他"不学无术"这个评语所由来。在他所处理各项事件之中，如立昭帝、在昭帝时所执行的国策，昭帝之死，立昌邑王、废昌邑王，拥立宣帝，有得有失。总算运气不错，不仅都平安度过，而且还成绩很好。只可惜他的夫人毒死许后，以他们的女儿来继立为后，这才是一个最大的失着。但他既不能防范于事前，又不能当机立断，补救于事后，这才种下了失败的因素。霍光当政确是无意于篡夺的，但他并不能想到一个妥善的安排①，或者急流勇退，或者找妥继承人。他只是任其自然推演下去，这是他没有远见的地方。这也就是他究竟还是一个常人，而非超越了常人。

其次，关于霍光平生最重要的事迹，还有废君立君这一项，其中仍以废君一事，最为耸人视听。在传统标准上说，废君是不可以的，不过像昌邑王这种愚昧而荒谬的君

---

① 诸葛亮生时以丞相录尚书事，中外事无所不掌。但他并不曾安排他的家族作为继承人，他死后，蒋琬继为大将军，费祎为尚书令；过了十一年，蒋琬死，姜维继为大将军，与费祎并录尚书事。这种不以家族子弟继承权力的办法，当然是诸葛亮生前预定的，可惜霍光并未想到。

主，不堪继承大统。在传统的史家观念，也不能不承认这件事是一个从权的处置。在君主时代，如其当情况有变化时，要新立国君，基于"立亲"条件之下，对于继承人的品格有时可能完全忽略掉。昌邑王这一个例子，一直到明代的朱由崧（福王）、清代的溥儁（大阿哥）的被指定，一样的"覆车重轨"。

关于"立君"这一件事，霍光当政是经过三次立君的，第一个被立的君是昭帝。昭帝的被立，不能说完全出于武帝的预定计划。虽然据说昭帝未生以前，武帝曾在钩弋夫人的门上署有"尧母门"三字，表示要预立昭帝，这也不太正确。因为还未能决定钩弋夫人生男生女，怎能就指明为皇嗣？况且汉代名叫尧、舜、禹、汤的多得很，难道每一个叫尧、舜、禹、汤的，都有想立为皇嗣的野心？当然，尧的命意，代表聪明特达的才智，也就不能排除武帝对于所有诸皇子都不满意，而想生出一个更优秀皇子的期望，却不能证明昭帝就是武帝早已指定的继承人，亦即昭帝的被立是由于许多偶然因素造成的，这却不容否定。

昌邑王的被立，可以说霍光在昭帝早死的时候，本来未作万一的准备，临时应付，不免慌张而造成错误。当时如考虑周全，开始便立宣帝，就省去许多不必要的后果了。其实昌邑王为李夫人的孙子，出身的基础上和霍光本来是敌对的，只因那时李氏已经消灭，不成威胁，而广陵王胥尚在，燕王旦一支为新的敌人，为了对付有燕和广陵两支，只有把昌邑这一支容易控制的找出来。等到发现昌邑王绝不可用时，也只有再使用非常手段了。

宣帝的被立，也不是偶然的；就人际关系来说，宣帝的基础上，对于霍光实在较昌邑为亲。但霍光却未敢一下就立宣帝。这是在法的方面，宣帝的出身还是有罪；虽曾公开赦免，但和燕王旦的儿子，并无基本上的区别，就不免增加困难，等到昌邑王一废，才顾不及了。等到宣帝被立以后，在政治上一点未发生波澜，这是霍光始料所不及的。宣帝遭到大赦，是昭帝始元元年七月的大赦，其回复原籍，也是在昭帝即位后，霍光当政时期；可是一直没有被封位号，这就比昌邑王要逊一等。除非霍光早日能断然处置，不顾一切，拥立宣帝才可以。但霍光的进身，是由于小心谨慎，不论他的能力怎样，他的魄力被长期压抑，自然不能一下就开展起来，这也是无可如何的了。

再次，霍光当政的时期，对于汉代制度，是有很大的影响的。原来从汉武帝开始创立了"内朝"的制度，把皇帝的"文学传统之臣"，或者可以说是皇帝的"宾客"，作成了一个议事的团体。其中本来除尚书一直在宫中以外，其侍中、常侍、给事中、诸吏、散骑、左右曹等都是从别的官加上去的，变成了天子的"智囊团"。将军与此无关，应当不在内朝团体之内；后来卫青和霍去病被天子亲近，因此将军也加入内朝的团体中。昭帝即位以霍光为大司马大将军领尚书事；霍光卒后，宣帝以张安世为大司马车骑将军领尚书事。从此以后，外戚权臣当政的，就以大将军或车骑将军领尚书事成为一种制度，直到南北朝时，还是如此。

就政绩来说，武帝时代，用兵四方，财源匮乏。再加上巫蛊之变，天下骚然。后来昭宣之治，当然要溯源于武帝的"轮台之悔"。但那时只定立一个方向问题。保养生息，为时已晚，确实的施行与民休息政策，自然是要算霍光当政那段时间。而在这个时期，转换政策的契机是始元六年召集贤良文学对于盐铁问题的讨论。这一次讨论会，名义上是对于盐铁问题，而实际上是对于武帝时法家政策的一个全部检讨。这一件事，据《汉书》六十《杜延年传》，是杜延年的建议，丞相田千秋未曾表示过意见。《盐铁论》所说的，他是"括囊不言，容身而去，彼哉彼哉"。看这次盐铁讨论，不论御史大夫桑弘羊多么能言善辩，但从宣传方面来说，御史大夫总是落在下风。国家政策也就此转移下去。田千秋身为丞相，总是一个召集人，只要他处于中立地位，就是贤良文学的胜利了。

二　巫蛊事件与霍光的任用

霍光被任为顾命大臣的首席大臣，是从巫蛊事件发展以后，经过了许多曲折，然后因情势所趋，终于形成这项重托的。本来汉武帝是历代在位最长的其中的一个。凡是一个国君的在位时期较长，也就是变化较多。尤其是太子问题，经历了一段冗长的期间，很不容易安定下来。因为太子就是君位继承人，觊觎君位的人已不少，尤其是想拥立一个新的太子，借此图谋占一席"定策功"的人更多。所以太子的位置就成为众矢之的。再加上君主常有新宠，而原来的正后，不免年老色衰，这就更影响了太子的安定性。汉武帝在位很长，以元朔二年（前一二七年）生卫太子，元狩元年（前一二二年）立为皇太子，到征和二年（前九十一年），巫蛊事件影响到太子的死，太子一直立了三十二年。在这三十二年之中，风浪是很多的。尤其齐王闳的出生，就给卫太子一个重大的威胁（齐王闳是元狩六年受封的，较立太子晚六年；齐王闳不知是哪一年出生，算来大概较卫太子不过小六七岁）。这种"夺嫡"的风浪，还能拖到十几年，自然最大的原因，还是武帝不愿轻易的更换太子。

依照《资治通鉴》卷二十二天汉二年所记，汉武帝和卫太子的思想是有距离的，对于事的看法，武帝严而太子宽。但武帝在一般情形之下，还是信任太子。这并不表示武帝和太子之间有一致的看法，而是拿其他诸子和太子比较，其可靠性还不如太子。为了国家的前途，对于人选是不容含混的。武帝知人善任，在《汉书·兒宽传·赞》说得非常明白。但武帝究竟是一个多内宠的人，卫皇后的出身，也不是出于世家大族，而是出于一般的歌伎，与后来武帝的宠姬，情况并无二致，这就无法压制别人侥幸之心。不仅如此，朝中内外的局面到李夫人得宠后，又进一步的恶化。李夫人生有皇子，李氏家属，李延年以宦官在武帝左右，李广利被任为大将；内外相结，自然不难在朝中树立党羽。李夫人虽然早死，但势力已暗中布置成功。李氏的党羽深知武帝对于太子废立问题，非常持重，不能轻易动摇。他们就只有等待机会，来陷害太子。

武帝晚年，体力渐衰，再加上服食丹药，性情变为暴躁，从武帝晚年用刑过重，就可以表现出来。尤其武帝是十分迷信，既迷信丹药可以长生，也迷信巫诅可以致疾。到武帝晚年，巫蛊事件的发生，逐渐增加，也继续扩大。这当然表示武帝的身体逐渐变坏，疑神疑鬼；更有机会使李氏党羽，分布内外，作有计划的用巫蛊问题来倾害太子。其中江充表现最为突出，不过丞相刘屈氂、御史大夫商丘成以及后来谋反的马何罗、马通等，显然都是李氏的党羽。尤其是巫蛊事件起时，太子欲向武帝自陈，被阻不能相见。这当然也是李氏党羽安排的。巫蛊事件的结果，使武帝后顾空虚，就无法使武帝不十分痛心的。后来虽然立昭帝，但昭帝幼弱，顾命大臣无论怎样也不如卫太子更为可靠。这就变成了一个不得已的局面。等到武帝把事情看明白以后，发现了李氏一系的阴谋，来一个彻底的报复，肃清了李氏的一切势力。

当巫蛊事件时，汉武帝虽诛卫氏，但株连不算太广。卫伉虽然被杀，卫青的孙子并未连带到。《汉书·外戚恩泽侯表》说："（宣帝）元康四年，诏赐（卫）青孙钱五十万，复家。""（成帝）永始元年，青曾孙玄，以长安公乘为侍郎。""（平帝）元始四年，赐青玄孙赏爵关内侯。"证明卫青的后裔仍然存在。这里可以看出汉武帝对于卫氏的处置，尚有分寸，不像他对于李氏那样的铲除净尽。霍光是霍去病的异母弟，他经过巫蛊之祸，还能任武帝侍中，未被株连。这是后来昭宣之治能够建立的契机。

昭帝及霍光是当时被武帝指定的，可以说都是最适当的人选。尤其是当着汉武帝用武多年，府库空虚，人民不得休息，霍光小心谨慎，处事条理分明，加上宰相田千秋沉着持重，有智处事，正好配合做成一个守成之局，使宇内丰盈，人民安乐（这也就是倘若巫蛊之祸不发生，真能由卫太子继承以后，最可能的局面）。武帝所能预料到的，也就仅止于此。至于此后的变化，如上官桀与燕王的勾结，昭帝的不幸逝世，昌邑王的不堪君位，宣帝的嗣立以及霍显弑许后的事件，那就非任何人所能预料的了。

钩弋夫人赐死那一件事，照《汉书》所载，乃是"从幸甘泉，有过见谴，以忧死"，并非赐死。照《汉书·武帝纪》，武帝是后元元年春正月行幸甘泉，二月巡幸北边再荐于甘泉泰畤，赦天下。是二月荐泰畤后，即返长安，而钩弋夫人以受谴未随行，旋以病死于甘泉，因葬甘泉。至后元二年二月，武帝寝疾，才临时立昭帝为太子，并不在原有计划之内。其武帝预谋昭帝，乃赐钩弋夫人死一说，系出于褚少孙《补史记》文。褚少孙言多鄙陋，所补多未可信。当钩弋夫人见谴之时，正在李氏党羽阴谋夺嫡事件以后，武帝当时年老，并因服食问题，影响心理上很大，情况很不正常。"宫省事秘"，谣传甚多。褚少孙根据道听涂说，轻易将前朝旧闻，以无根之谈，形诸笔墨，以致成为一种印象，认为武帝曾对人表达过，而不知其纯出揣测。所不幸的，是北魏时期荒谬的模仿，毫无人情味，最后引起了胡后的反击，引起大乱，那真是不足为训了。至于昭帝出生，被题为"尧母门"，这一个问题，并经司马光指责。其实尧、舜、禹、汤，在汉代常作命名，并不见得有储嗣的问题，也不足深究了。

三　昭帝时代的政治问题

汉武帝的遗命，立昭帝而使霍光辅政，并任命其他的大臣来协助霍光，对武帝来说，是一个万分不得已的处置。即使除掉钩弋夫人，免掉了母后干政的可能性，但这种幼君在大臣辅政之下，还是一个很不安定的局面。就中武帝顾命最成功的，是选择霍光为主要辅政大臣，而张安世为霍光的辅助。霍光忠诚，并且公正，张安世老成持重，能和霍光同心共事，这才是把局面维持下去的主要力量。金日磾为人正直，不幸早死，否则也一定是霍光的有力帮手。至于上官桀和桑弘羊，那就是武帝对人的认识有了错误了。桑弘羊后来和霍光发生裂痕，可能还是政策上的关系。桑弘羊是纯法家思想，和霍光重视现实，认为在客观条件之下，要把武帝时代的作风扭转过来不同。因此政策上的路线，越走越远，而终于爆发不可收拾。至于上官桀和霍光的裂痕，完全出于个人恩怨上面。再加上上官桀与霍光争权，又加上官桀的左右和盖邑公主[①]的怂恿，也就一发而不可收拾。这是历史上寡头政治常见的情形，这也是汉武帝原来设计，由好几个人辅政中，必然的内在的发展。所幸的是汉朝的"运气"还算不错，虽然有许多变化，后来还是向好处发展，不是向坏处发展。结果还是形成了"昭宣之治"。

霍光首先遇到的问题，就是和上官桀的冲突。依照《汉书》九十七《外戚传》上，上官桀本来是武人出身，以材力为武帝所器重。后来又捕马何罗反叛有功，在武帝顾命时，以霍光为大将军，上官桀为右将军，都接受遗诏辅政。原来上官桀的儿子上官安娶霍光的女儿，两家相

---

① 　编者按：盖邑公主，应即鄂邑长公主，嫁盖侯王受为妻。

处得不错；霍光遇到休假的时候，就由上官桀代为处理事件。上官桀的孙女，亦即霍光的外孙女，想纳入宫配昭帝，当时只有六岁，霍光以为太小，不可以。但是上官桀竟然设法让她进入宫中，成为皇后。卫后废后，尚余小女盖邑公主尚存，此时在宫中照顾昭帝。长公主行不端正，宠她的客人丁外人。上官桀想为丁外人求职，又想活动为丁外人封侯，霍光持正，屡次不听，因此上官桀和长公主勾结燕王，告霍光罪过。所幸昭帝精明，知道他们互相勾结的情况，昭帝更亲近霍光，疏远上官桀父子。最后上官桀父子谋叛，上官桀和上官安被诛，燕王及盖邑长公主亦自杀。又据《汉书》六十六《胡建传》：胡建在昭帝初年为渭城县令，丁外人骄恣不法，使人射死京兆尹樊福。刺客藏公主家，胡建使吏卒围捕。公主与上官桀率人驱走县中吏卒，再上书告胡建伤公主家奴。霍光置其奏不问。后霍光病，上官桀代决事，竟使人捕胡建，胡建自杀。这也是霍光和上官氏冲突的一个例证。也可以看出昭宣之治是不容易做出来的，而霍光的持正、顾大局，不能不认为是一个主要因素。

在这个时期，匈奴因为汉武帝屡次进攻，实力消耗，已没有力量大举内犯。在中国方面也是需要休养生息。所以客观的情况，是彼此都需要临时息兵。从汉简昭宣两期的资料来看，这个时期烽火清明，边疆平静，也是促成昭宣之治的一个大好机会。这时"与民休息"的政策，是在巫蛊事件之后，承"轮台之诏"的原则而来。这完全出于客观的需要，并非有一个理论在后面指导着。这种完全根据事实、不尚理论的人，可以从早期反对盐铁受制的卜式算起（《汉书》五十八），直到田千秋、霍光都是属于这种类型。这些人都不是受过哲学思想训练过的人，而只是凭着一般常识和社会经验，作为判断的基础。当然，《汉书·西域传》所记桑弘羊轮台的建议，并非全无道理。他的看法是把轮台作为基础，把河西四郡的郡县方式，再向西推进一步。既在西域树立了郡县化的基础，那就大漠以北的游牧行国，处于两面受迫的情势，并且资源匮乏，不能再有所作为（因为三音诺颜汗及札萨克图汗等地方为中心的行国，北面为西伯利亚，比较寒冷，东面为戈壁沙漠，如其在西南两方同时受逼，就难以作任何进展）。可是这种有魄力的计划，后世也不曾做到。这种旷世无人敢做的事，居然桑弘羊还能想到，可见他的作为，只是在那个时候，已经不是一个适时的要务了。

这种情况，汉武帝后来是了解的。汉武帝轮台之诏，也只是认清楚了当时的客观情势，为了国家一定要做一番休息，绝不允许再做新的进取。但在武帝的志愿里面，并未完全放弃进取。这就是武帝指定顾命大臣之中，桑弘羊还要占一席地的原因。这也就是后来汉宣帝所说"汉家自有制度，本以王霸道杂之"的立场。但是这种潜伏的进取思想，带着有浓厚法家背景。而循着法家的路线走入极端，难免严酷，就是汉武帝时代，一般酷吏所留下的恐怖阴影。巫蛊之祸对当时人的伤痛犹新，毫无问题的，都不愿这种不愉快的事件重新出现。霍光自己是一个重视现实的人，自然也倾向了对于法家路线的再起愿意加以防止。

儒家思想在汉武帝时代也受到某一程度的重视。儒家和法家分途的发展，法家的成功在政策上，儒家的成功在教育上。这就使得知识青年大多具有儒家的倾向，再加上当前的事实，需要用儒家的理论来挽救，也当然使儒家思想成为舆论的指导方针。

昭帝始元六年（前八一年），诏问郡国所举的贤良文学，民间的疾苦。这是出于太仆杜延年的建议，见于《汉书》六十《杜延年传》。杜延年是著名酷吏杜周的儿子，幼得家教，深明法律。但他却很能体会法的客观存在意义，于法能够持平。据他的本传说："（霍）光持刑罚严，延年辅之以宽。"因为当时杜延年是法律的专家，对于法律的解释上，他给予一个新方向的指导，使汉代此后，在理论方面，得到新的认识。在始元六年，由贤良文学讨论国家的税制，形成了"盐铁"的论议。这个论议，先以盐铁为出发点，再扩张成为国家整个政策的检讨。这次大型的讨论，由桓宽把会议的纪录保存下来，就是著名的《盐铁论》这部书。

在这个讨论之中，贤良文学诸人，都是属于儒家的立场，御史大夫桑弘羊是法家的立场，丞相田千秋是中立的，霍光及杜延年并未参加讨论。据桓宽所纪录的，当时发言的儒生们都是一些绝对的反战主义者，和桑弘羊的基本是法术主义者，适成对比。中国过去没有表决这一个办法，不知道这些极端的反战主义者，占的比例怎么样。不过在儒生中占绝对多数，应当是可信的。这些儒生为什么要这样的主张，也可以看得出来，即在汉武帝在位时期，一切以对外作战为第一，不惜用种种的办法来筹款，影响到的，自然是人民的生活非常痛苦；再加上为了镇压，不惜采用恐怖手段，更使人民吃不消；物极必反，舆论的方向，自然毫无保留的变成极端反战了。就当时的客观情况来说，当着数十年继续用兵，民穷财尽，再加上酷吏的统治，民怨沸腾，绝不能再走法家的路线。这一次对于盐铁问题的讨论，其基本意义上，并不仅仅于盐铁问题，而是国家将来政治路线的总检讨。尤其是在历史意义上，这是在五千年专制政体中，前无古人，后无来者，惟一的天下民意的大规模表现。虽然，这是一次不成熟的民意表演，组织及程序都不完备。但是有这样一次，总比一次都没有好得多。可惜后来的当政者，没有一个人敢这样做。尤其是宋代元祐初年，确是一个征求民意的大好机会①。倘若能把当时的民意充分表达，民意也是一个庞大的政治力量。若以民意为基础，来决定政治的趋向，也就可以免除以后政治的波动。可惜当时就是没有人想到这样做。这就不能不重视杜延年的见解高明，以及霍光的勇于从善了。

　　盐铁讨论的结果，据《汉书》七《昭帝纪》，始元六年，秋七月，"罢榷酤官"。但《盐铁论》却说："公卿愀然，寂若无人。于是遂罢议止词。奏曰②：'……请且罢郡国榷酤、关内铁官。'奏可。"就是虽未能完全依照

① 宋代已无荐举制度，只有各方应科举的"举人"（宋代举人不被铨选，到明代才正式铨选），但"举人"也被称作"孝廉"。清代康有为以举人上书，被称为"公车上书"，清代并无"公车"，这只是沿用汉朝用语。

② 编者按：劳榦先生原书此处为"公卿奏"，今据《盐铁论》第四十一补齐引文。"奏曰"，《通典》十、《文献通考》十五作"于是丞相奏曰"。

262

贤良文学的建议，总算是一个让步，或者可以说是一种妥协。这证明了贤良文学的主张，已经得到了初步的成功。顺着这个路线下去，元成以后，已是儒生占优势的局面，而东汉更成为以儒家哲学来领导的中国（后来外戚、宦官迫害儒生，那是专制政体的弊害，与儒法之争无关）。

这次"公卿"上奏的公卿，当然是由田千秋领衔，也可知杜延年还列名在内。最后的认可，那是出于内朝的批答；也即是由霍光代天子来决定的。这次论议既然是儒家一个初步成功，那就绝不是要在场发言的人方能引起重视。据桓宽在《盐铁论》中的《杂论》（即后序）说："车丞相（即田千秋）即周、吕之列，当轴处中，括囊不言，容身而去，彼哉！彼哉！"这是对于田千秋一个非常不满的表示。其实田千秋的政治倾向，可以看得出来，还是主张与民休息的。只是他究竟只是一个事务人才，他不是儒生，对于基本政策问题，他不便参加意见。尤其是取消盐铁、榷酤的管制，牵涉国家预算问题，更不是一个负责行政的首长，可以随便说话。即使他非说不可，他以行政首长的身分，也应该是相当保留的。所以桓宽责备之辞，若以儒家代言人及宣传者身分看，是应当的；若以客观的历史分析者态度看，那就大有问题了。

四　霍光对于废立问题与宣帝时代的政治

　　霍光在昭帝逝世以后，显着手足无措。这件事对于他事前并未曾有所准备，到事情不幸发生，他的应付办法，就不免应付失常。当然在昭帝未死以前，昭帝身体也有时"不安"，但昭帝年纪很轻，这不见得是不治之症。他死在夏四月，这时正在初夏，是传染病流行的季节。在传染病未明了其原因的时代，青壮年人死于传染病的，比例相当的高①。看到霍光应付的匆促，那就昭帝死于传染病的可能甚大。就霍光立昌邑王贺，而事前对于昌邑王贺的品行一无所知，这一件事来看，也可以看出霍光诚然有应付的能力，而处事并不周密，也无可讳言。

　　昌邑王贺是昌邑王髆的儿子，他的祖母就是引起祸端的李夫人。李氏一系本为巫蛊事件的祸首，那时李氏党羽虽已尽除，但昌邑王贺一旦到亲政的时候，情形就难以预料。《汉书》九十七上《外戚传》所记，在昭帝立后，霍光即以李夫人配食武帝，追上尊号为孝武皇后。此说却大

---

① 汉武帝六子，其中三个：昭帝、齐王闳及昌邑王髆都早逝，早逝的比例占二分之一，不可谓不大。只是昌邑王髆有子，而昭帝无所出，所以《汉书·外戚传》责备霍光，说霍光只希望皇后生子，防范太过了。

有问题。按昭帝生母为钩弋夫人，钩弋夫人名位为倢伃，李夫人名位不过夫人，断无不尊钩弋夫人而追尊李夫人之理。昭帝即位，尊钩弋夫人为皇太后，不配食武帝，反而以李夫人配武帝，这是对昭帝不敬的。只有昌邑王即位时，曾追尊李夫人而误传，恐不足为典据。《汉书·外戚传·李夫人传》颇有乖误，譬如齐人少翁设帷帐招魂，武帝望着似李夫人，而作"是耶，非耶"之歌，据《史记》乃王夫人的事，《汉书》就以为李夫人事，显然有误。可见属辞此事，未尽精纯。因而此事也不足取信了[①]。但在这里也可以看出来，武帝晚期，局势混乱，传闻多误。

霍光的立昌邑王，实可以说是霍光一生中的最大败笔。他并非李氏党羽，立昌邑王对他的前途，还是相当不利的。只是广陵王胥跅弛骄恣，已经出了名，他不敢再去顾问。燕王旦诸子，在燕王旦反叛以后，和他是不能合

[①] 《汉书》多采杂书小说，其中卷六十五《东方朔传》，多取资于今尚传世的《东方朔别传》（见《太平御览》四百五十七），本传中所有游戏不经之书，也都出于《东方朔别传》。《汉书·艺文志·杂家言》载有东方朔二十篇。而《东方朔别传》不在其列。此等别传可能出于元成以后迄于东汉初年，未入中秘，故不为向、歆所采。《汉书·外戚》言李夫人与《史记》违异，亦由未采《史记》，而系直接采自其他别传而成；李夫人可能在昌邑王时即被尊为孝武皇后，但未必能入宗庙配享。到宣帝既立，又恢复了卫后的地位。至于谓在昭帝初立时，即舍钩弋而尊李夫人，不合情理，今不取。

作的。他只好权衡利害，两害相权取其轻，勉强立昌邑王贺。实际他此时如其更有魄力些迳立宣帝，即可免除了废君立君之烦。这个错误，也可用班固的《孝元帝赞》所说"牵制文义，优柔不断"来批评。其实昌邑王贺这种人君，以太后旨废去是应该的，这是非常事态下从权的必要。无奈后来权臣废立，都循了这个典型。霍光确实应无篡夺的想法，仍然不免对于后来政治上创下了一个新例了。再就是废君立君，对于霍光自己，在宣帝时也不免造成疑忌，形成不利的因素。原来昭帝是信任霍光的，并未曾有多少裂痕。可是宣帝对霍光就不一样了。据《汉书》六十八《霍光传》："宣帝始立，谒见高庙，大将军光从，骖乘。上内严惮之，若有芒刺在背。后车骑将军张安世代光骖乘，天子从容肆体，甚安近焉。及光身死，而宗族竟诛，故俗传之曰：威震主者不畜，霍氏之祸，萌于骖乘。"宣帝所以感到"芒刺在背"，当然是霍光曾废君立君，感到威胁太大的原故。今再回溯到霍光拥立昌邑王时，已有广陵王胥最为年长，霍光深恐有废长立少之嫌，所以不敢进一步再立宣帝。其时"废长立少"的议论，这是错的。礼"为人后者为之子"（《公羊》成十五），昭帝已入宗庙，当然只能继昭帝立后。《礼记·檀弓》，公仪仲子舍其孙而立其子，孔子认为公仪仲子不对，应该"立孙"。所以广陵王胥已是不能再行考虑了。燕王旦一支以罪废，只有昌邑王及宣帝可供考虑。在卫氏及李氏之间，卫氏已经昭雪，而李氏未经昭雪，那就宣帝与昌邑王之间，亦不难加以抉择。只是当时霍光及诸大臣中，明了现实情态的人中，通经术的还是很少，这是很可惜的（至于宣帝许后被霍光夫人毒死一案，霍光最初并未与闻，到了知道以后，非常惊讶，却又不能揭发，直至霍光死后，被宣帝知道，才严加处置。这件事说明霍光虽然极有才能，但到了自己家庭问题，仍然会优柔不决，至于事体不可收拾，这也是非常可惜的）。所以霍光这样一个有才具，而对国家忠实的人，做了这些不可挽救的错误，《汉书》说他可惜"不学无术"，那也是不太错的。

汉代政治组织的特质及其功能

（1）绪论

汉代的政治组织，是中国最早被记载下来的实际政治组织，而且曾经作过许多时代的模范的。在汉代以前，《周礼》虽然是很重要的一部书，到现在仍然存在着，可是这部书只能当作一部战国时代某一个学人的理想著述。其书根据的只是战国的初年的古代知识，再配合上当时的环境，成为一部建国的理想方案，却不是一部曾经实行的书。因此《汉书·百官表》和《续汉书·百官志》便成为中国政治组织上的最重要记述了。

当秦始皇统一了中国，实行郡县制度，给予中国历史上很深远的影响；汉代是一个较长的朝代，汉代一切模仿秦制，给予以后二千年的也就是从秦制下来的规范。

秦代的制度确实比上代变动很大。拿《左传》中表现出的列国制度来看，比较《周礼》中的组织还稍为接近一点，距离秦代的制度更远。这就显示秦代制度对古代的遗留修改的很大。显然的秦制和《周礼》制度是走向两个极端：秦制是极端的走向现实；《周礼》的制度是极端的走向理想。

秦制最重要的特征，第一点可以说是最简单而明白的，第二点可以说是集权的信托制度。就第一点来说，因为制度简单，执行的官吏才不多，据《汉书·百官公卿表》说，西汉的吏员自佐史至丞相一共十二万二百八十五人，比后代任何一代都少。就第二点来说，秦汉的皇帝诚然掌握着国家最高的权力，但一般政务还是在原则上完全交给丞相去办，皇帝只是责成丞相。再由丞相把地方的政务信托给郡太守，由太守全权处理郡内的事。

但是这种简明的监督办法，只有在几种特殊情形之下的君主才能适应得好：（1）草创时代的君主，如同汉高帝；（2）不愿多事更张的君主，如同吕后时代的吕后；（3）非常守法的君主，如同汉文帝。如其不属于这几种情形，如同很有才华但是非常不能守法的汉武帝，这就会把这种"信托"式的机构整个破坏。汉代到了武帝以后，虽然可以说还是信托式的传统，可是被扰乱得不纯。等到东汉时代就更进一步的破坏，一直到晚清尚不能恢复旧时的原则。

推求这种委托制度的逐渐崩溃，主因还是这种制度的创立，受实际政治的原因大，受政治理论指导的原因小。法家和道家的所谓无为，所谓君人南面之术，只是申明一项原则，并不曾说明君相间委托关系的重要。在诸子百家中，只有人说国君无为是对的，却从未曾有人说过国君侵夺宰相之权是不对的。所以文景之世，天子尊重宰相固然很好；武宣之世天子侵夺相权，也没有什么不好。依照《田蚡传》[1]中武帝对田蚡说"君除吏已尽未？吾亦欲除吏"，《史》《汉》之中都没有对于田蚡同情的表示。其实这件事正是武帝侵夺相权的一个开始，也是这种委托制度破坏的开始。

这种"君相委托制度"的方式，很有不少历史学家讨论着，称为"君权"及"相权"的问题。不过分君权及相权为两项，似乎受到了近世政治学理论上立法权及行政权对立的关系，而拿来比附。如其拿来适应国君和宰相间权力的问题，那就仍会遇见困难。因为立法权和行政权的区分，是法定的，是宪法根据三权分立的理论来订立的。至于君权和相权之间，就从来未曾有法律来保障，也未曾有政治理论来指导。只是当时因为这种的历史因素形成了一时的君相委托制度，一直到近代的历史学家才觉得这种君相分权分事比较最为合理。这是参酌西方的责任内阁制度才会有这种观念。我们固然觉得这种君相委托制度是比较好的制度，如其古代的君相分权论能够正式形成，那就绝不会等到明代还演变到那样极端，以及明太祖正式宣布永远废除宰相那样的荒谬主张，而结果使明朝一代司礼监才是真宰相，以致明代政治的黑暗到了一个不可挽救的地步。

如其宰相能够事权专一，有效的推行职责，被称为委托制度的原因，就是因为宰相权力的来源纯粹由天子所授予。而天子之权力，除去可认为上帝授予以外，在过去的理论上，并不认为任何人可以给予或剥夺天子的权力。天子是"富有四海"的，在四海之内，土地和人民都是天子私有的，只有天子有充分的权力可以处分，如同一个富翁有权充分的处分他自己的财产一样。宰相的地位和一个富翁的财产经理（manager）也完全相同。经理只向富翁一个人负责，富翁却不必对于任何人负责。依此例来推，宰相只向天子一个人负责，天子就不需对世界上任何一个人负责。天子对于全国人民的养育培护，只是道义上的责任，并无丝毫法律的责任。所谓"天生民而立之君"[2]只是哲学上及宗教上的意义，并不是法律上的意义。所以君权是无限的，相权却是有限的，所谓相权只是国君给予或委托的，相权的大小完全由国君任意来决定，绝不可能把君权及相权放在同等地位之上。

秦代天子和丞相的关系究竟怎样，现在因为史料实在不够，详细情形不能完全断定。不过从下列几点来看，秦代的宰相也是很受牵制，不能放手去做事的：（1）秦代曾设左右两丞相，这就表示秦代并不专任一人，到两人意见不同时，只有由天子作最后决定。（2）御史大夫之职秦代已有，汉代诏书先下御史大夫，再下丞相，当系沿秦旧制。御史大夫一方面是副丞相，另一方面还是天子的秘书长，对于决定政策时，有很大的作用（到了汉代御史疏远了，才有尚书来做秦御史的事）。（3）秦始皇的"衡石量书"[3]故事，就证明了天子是要管事的，并非"垂拱而治"的。

汉代初年，在汉高帝和汉惠帝时期，萧何这个相国，确实不同凡响，他是非常有权，而且非常获得信任的。在他当政的时期，在实质上和责任内阁制度不同，可是在功能方面却和责任内阁有相似之处。这一个传统延伸到汉武帝时期方才改换，这不能不说是汉代政治的一个巨大的幸运，更不能不说是中国政治史上一个奇迹。但这是许多因素凑成的，并非君相之间有这种必然的现象。

就汉代开国时的情况来说，刘邦和萧何之间早就有不平凡的了解。刘邦出身武吏，对于政事本来不会太了解。萧何却在作县吏的时期就已成为出众的人才，这在当时刘邦早对于萧何的能力不仅有所认识，而且还一定是钦佩的。到了后来刘邦领兵在外，萧何居守，后方的民政，完全委托给萧何，而萧何也着实表现得忠实可靠，而且成绩优异。到了天下平定，内外无虞，萧何的事权，汉高帝当然没有更张的必要。等到汉高帝死后，孝惠是一个宽厚的人，不再更换萧何。后来曹参继任，也一仍旧贯。至于当政的君主如吕后、文帝、景帝，也都顺应着从前的"故事"。尤其文景也都受到黄老影响，主张无为，使宰相之权不再减削。这才铺定了汉兴六十余年安定的政治轨道。

但是这种形式的政治轨道，不论是如何成功，或如何合理，究竟是一种偶合的现象，却不容易正常的存在下去。因为天子既然在法律上具有全能的地位，除非他是一个虔诚的道家无为主义的信仰者，决不会安于做一个端拱的偶像。等到出了一个想做事而客观条件下又要他做事的君主，那么这种委托制度就一定被破坏了。

再就那种委托制度来说，实际上也是一个不完全的委托制度，更谈不上君相分权或责任内阁的制度。如其可以称作相权，那么相权应当覆盖整个的行政系统，才算合理。可是汉代丞相管理下的行政系统，并不是那样。丞相的正式属员，只有丞相府内的掾属由丞相辟署。郡太守和王国相，就行政系统来说，大致还可以算丞相的属员。至于九卿的地位，虽然在丞相领导的系统以内，天子的诏书是由丞相下九卿，但九卿的任命还是多出自天子意旨，不由丞相保荐，而且九卿以管理天子的私事居多，这就是九卿制度和内阁阁员的制度有一个极大的区别，不能相提并论。至于御史大夫，那是天子用来监察丞相的副丞相，不仅不在丞相府之内，并且行政系统也和丞相属部完全独立，是直接天子另外一支官属，更与丞相无关了。

九卿的职守，多半是为天子服务的，为国家服务的不多。只有廷尉、大司农是主要为国家服务的。其九卿的权限与丞相的权限接触时，权限怎样画分，现在因为汉令遗失，不能完全知道。不过大致都是根据"故事"，即习惯法来处理的。因为九卿都是天子亲任，虽然丞相可以表示意见，却没有最后决定之权。那么九卿和丞相的关系，就决定在丞相个人的背景，而不决定在法律的系统。因此，九卿掌握下的职守，就有很多非丞相所能完全决定的，也就是汉代天子对于丞相的委托，实在是很不完整的了。

就这一个不完整的委托来说，也只能有效的维持到高、惠、吕后、文、景五个时代；到了汉武帝以后，就把丞相的事权相当减削，还对于丞相的监视，相当严厉。昭宣以后，对于丞相的确较武帝时客气些，可是丞相的事权却是在定制下减损。而尚书（或中尚书）正式的代表了丞相的最后决定权。

这个趋势演变下去，代表的是宰相制度的混乱，甚至可以说是宰相制度的毁灭。起先是成帝时代盲目的复古，把宰相制改为三公制。经过了几番的演变就成为光武帝时代以后的三公制，名义上是三公，实际上是把宰相之权分为尚书令和三公（太尉、司徒、司空）互相牵制的制度。这当然是宰相制度的消失。东汉后期的政治始终是外戚宦官互相消长的局面，虽然由于君主的短命[4]，而宰相制度已经消失，政治失了中心，未尝不是其中原因之一。

（2）天子的地位

天子是中国各邦共主的特称。这个名称可以溯至周初，到了秦代再加上了皇帝一个名称，但是在秦汉时期，天子和皇帝可以互用的。秦汉皇帝六玺，其中三玺称皇帝，是用在秦帝国国境之内的，另外三玺称天子，是大率用在秦帝国国境之外。

皇帝一个名称是秦始皇在统一全中国以后，自己加上去的新称号，意思是德过三皇，功高五帝。帝字在甲骨文已有，这是一个假借字，从原义花蒂借用作为一种祭祀，然后再用作过去有功和有德的共主（王）。皇字却是一个形声字，从王声，加上一个放光的太阳（即楷书的"白"字部分），来表示辉煌的意思，再引申用做古代想象中帝王，"三皇"[5]。把这两字合并来用是秦代新的设计。而皇帝这两个字的连用，也就表示开始了一个新的制度。

从商代以来（夏代也许已有王这个名称，不过现在所能找到的当时纪录是从商代开始），中国的共主，已经称王。不过当时王的地位究竟怎样，和当时"诸侯"的关系究竟怎样，现在尚不能做详明的解答。到了周代，王的地位总算比较清楚。王已经成为封建国家中的正式领袖，王在许多封建国家之中，的确有他的固定的法律地位。但是到了春秋时代，边远的国家楚国以及吴国和越国都曾经称王；到了战国时代，中原的大国也先后称王，使得王不再成为全中国共主的称号。

但是战国时期全国的人士还是想到将来还会有一个共主出现。这一个共主（也就是天子）是不能再用王字来称呼的，因此就想到了一个"帝"字。最先当齐、秦两国势力平衡之时曾想到互尊为帝，齐称东帝，秦称西帝。后来各自取消。等到秦国在长平之战以后，也有人计划尊秦为帝[6]，不过还未曾实现，秦即被信陵攻败。等到秦统一天下，秦始皇就诏朝臣"议帝号"。这里所说的"帝"，正表示当时已认为"帝"就是天下共主，只是秦始皇认为他自己很不平凡，需要更尊显些的称号罢了。其后"皇帝"一个称号，实际上还是合并博士所提议"天皇"、"地皇"及"泰皇"所共有的"皇"字，再把"帝"字加上去的。

所以皇帝仍是特出的王，或者是特出的天子，他的基本地位仍然是天子。这也就是秦汉皇帝六玺，皇帝和天子是互称的。天子所以称为天之子，是因为天子为天的代表。换言之，只有谁能掌握全国，谁才有资格来代表上天。除非一个人真能用武力推翻前朝，或者被天子指定他是继承人，他才有代表上天的地位。依照历朝习惯的继承法，只有天子的嫡子长子，才有资格来做合理的继承人。在立长条件之下，所有嫡子之中，只有最长的才合资格，最长的有了问题才依次及其次子。在立嫡条件之下，长而非嫡之子就不在选择之内。庶子为兄嫡子为弟也应当以嫡为优先。这种继承法是周代实行的[7]。汉代依然循着这种规例。

为着避免争执，纵然要立嫡立长，在任何一个皇帝未死之前，如其已有子嗣，就先立太子，以防不测。只有秦始皇是一个特殊的例子。依照立嫡立长的成例，秦始皇的嫡长子扶苏早应立为太子，但是扶苏却未被立为太子[8]，以致引起秦代后来的继承问题，而形成了赵高的阴谋事件，成为秦朝亡国的总原因。

天子既然是天的代表，当然权力的授予是从上天而来的，不是代表某一部分或全部分的人民。他和人民的关系，是因为人民是属于天的，天授予他以权力，来管理天所领有的人民。天子所以专有祭天的权，其他任何人都无权祭天，就因为只有天子才是天的代表，才有资格直接与天交通。其他任何人都是需要天子的转达。照此推演，天子的权力是天授予的[9]，其他大小官吏都是天子获得天所授的管理权以后，再授予相当的权给予各个阶级的官吏。在这个原则之下，官吏都是为天服务，而不是为民服务。官吏都是民的主人，而不是民的雇佣。这是天子、百官、人民相互的基本关系，所有一切法律制定的基本原则，都可以从这里得到解释。

因为天子本人是一切权力的基本来源，所以天子本人也就是最高的立法者。《史记·杜周传》有一段说得很清楚[10]：

> 客有让周曰："君为天子决平，不循三尺法，专以人主意指为狱。狱者固如是乎？"周曰："三尺安出哉？前主所是，著为律；后主所是，疏为令。当时为是，何古之法乎？"

在这里司马迁是不同情杜周的。但是他引据杜周的话，用来分析杜周的立场也是相当有道理的。因为三尺的成文法，是由天子创制，也是由天子修改。在定"律"著"令"方面，只有天子才是权威。执行的人，也只有随着天子的意向去做，才算合法，此外也别无办法。张汤、杜周、赵禹一类的人，司马迁列入酷吏，实际也只是执行的人，这般人如其在文帝时期，也会依照文帝的意旨去做的。张安世、杜延年属于酷吏的第二代，性情也转为宽厚，但他们的基本认识还是一样的，他们都是律学专家，深知法律的最后统治权所在，来做处理上的适应办法。

因为天子是最高的权威，他有权可以做任意处置的。但是为了国家的前途设想，天子在某种场合之下，是应当对于权力的行使，有自行节制的必要，所以讲理的君主有时会采纳臣下的忠言，范围他自己的权力，来做合理的使用。例如《史记·张释之传》说[11]：

其后拜释之为廷尉。顷之，上行出中渭桥，有一人从桥下走出，乘舆马惊。于是使骑捕，属之廷尉。释之治问。曰："县人来，闻跸，匿桥下。久之，以为行已过，即出，见乘舆车骑，即走耳。"廷尉奏当，一人犯跸，当罚金。文帝怒曰："此人亲惊吾马，吾马赖柔和，令他马，固不败伤我乎？而廷尉乃当之罚金？"释之曰："法者天子所与天下公共也。今法如此而更重之，是法不信于民也。且方其时，上使立诛之则已。今既下廷尉，廷尉，天下之平也。一倾而天下用法皆为轻重，民安所措其手足？唯陛下察之。"良久，上曰："廷尉当是也。"其后有人盗高庙坐前玉环，捕得。文帝怒，下廷尉治，释之案律盗宗庙服御物者为奏，奏当弃市。上大怒曰："人之无道，乃盗先帝庙器，吾属廷尉者，欲致之族，而君以法奏之，非吾所以共承宗庙意也。"释之免冠顿首谢曰："法如是足也。且罪等，然以逆顺为差。今盗宗庙器而族之，有如万分之一，假令愚民取长陵一抔土，陛下何以加其法乎？"久之，文帝与太后言之，乃许廷尉当。

这一段是有其代表性。照张释之的奏言，是承认天子对于法律有最后的决断权的。三尺法由天子订立，廷尉也只对天子负责。不过廷尉的职守是严格的执行法律，法律却不应随时变动，换言之，即法律是不溯既往的，任何一种案件，只能依照现行法律来判决。即令新颁布的法，凡在事件以后颁布的，也不适用。这是为着把国家安定下去，有其必要。天子当然有权随意处置，不过法官亦自有其立场，法官有义务陈明其立场，使天子了解。所以就事论事，张释之确实是一个公正的法官。但他的观点却显然的法家的观点，而且只有汉文帝那样贤明的皇帝才能接受他那种以法为主的意见。

汉文帝守法而谨慎的作风，虽然对限制天子滥用权力而言，确实可以说是创业传统的良规，但就代表当时青年学者思想的贾谊来看，就认为是可以"痛哭流涕"而需要加以改革的事[12]。汉武帝就是贾谊理想的实行者，对匈奴加以讨伐，对诸侯王加以控制，对豪强加以压抑，因此就不能不加强天子统治的权力，而对汉家的成法就不免破坏。这一次破坏的结果，汉初因为偶然机会形成的丞相委托制度也就不再容易的实现了。

自从汉代经汉武帝把守法的传统搅乱了以后，后世的儒生很少再痛哭流涕，而是想如何去限制天子的权力，这就是"祖宗之法"在后来，尤其在宋代以后，被人强调的原因。因为天子也具有"人"的身分，天子也应当孝。天子诚然有权，但却不可以随便冒犯祖宗。这种限制虽然仍旧没有法律上的地位，但却强有力的具有道德上及风俗习惯上的地位，也可以发生一些作用。不过同时却有很大的流弊。就是凡是祖宗成法都是古老的，甚至失了时效的，过分强调祖宗成法，就不免陷于过分守旧的困境，使得一个朝代不能应付变动的局面。晚清的衰亡，是一个最显明的例子。

中国天子无限的威权，追溯到最后，只有发展出"君权天授论"。从"君权天授论"出发自然会引申出"符应说"和"灾异论"。符应一点是帝王方面极力希求的来证明他位置的合理，而灾异一点却是有思想的臣下推演出来希望限制帝王的滥作威福。这两件事实在是一件事的两面，而为西汉的儒生尤其是西汉晚期的儒生最流行的学问。

符瑞和灾异牵涉原始信仰。但在战国时期邹衍已经有计划的整理和扩大。秦始皇自命以水德王，凡数用六为节，显然用了邹衍遗说；汉初对于水德和土德的争执，也是一样出自邹衍。到了汉武帝元光元年，汉武帝策贤良，明称三代受命，其符安在，灾异之变，何缘而起。董仲舒的对策，正答复了这个问题[13]。他说：

臣谨案，《春秋》之中，视前世已行之事，以观天人相与之际，甚可畏也。国家将有失道之败，而天乃先出灾害以谴告之。不知自省，又出怪异以警惧之，尚不知变，而伤败乃至。以此见天心之仁爱人君而欲止其乱也。自非大亡道之世者，天尽欲扶持而全安之，事在强勉而已矣。……臣闻天之所大奉使之王者，必有非人力所能致而自至者，此受命之符也。天下之人，同心归之，若归父母，故天瑞应诚而至。《书》曰："白鱼入于王舟，有火复于王屋，流为乌"[14]，此盖受命之符也。

在这里汉武帝和董仲舒都是相信符应和灾异的，汉武帝来问，董仲舒也用这个范围来答。董仲舒的意思，也未尝不想用灾异论来控制帝王的行动。但是董仲舒这种想法是极难发生效力的，因为对于灾异的问题，必须要有权威的解释，才能发生效力。中国教会和教士的势力，从来不曾树立起来，这项权威性解释就无从找出。即令发生了所谓灾异，解释也不会一致的。一经争论，控制的力量就全部消失了。《董仲舒传》就这样说[15]：

> 先是辽东高庙、长陵高园殿灾，仲舒居家推说其意，草稿未上，主父偃候仲舒，私见，嫉之，窃其书而奏焉。上召视诸儒，仲舒弟子吕步舒不知其师书，以为大愚。于是下仲舒吏，当死，诏赦之。仲舒遂不敢复言灾异。

这就是灾异的提示不能发生效力的事实，因为灾异的解释并无固定的方式，《汉书·五行志》引的《洪范·五行传》可以说是集灾异论的大成，假如推溯每一个解释的理由，都可以找到另外几个不同甚至相反的解释。汉代儒生的尝试失败也是一种当然的结果。对于君主的控制，仍是毫无办法的。

关于封驳诏书的事，汉代也曾经有过。一次是哀帝下诏增封董贤，并赐傅太后家人侯国食邑，丞相王嘉封还诏书；但次年王嘉免相赐死，而增封董贤诸事，仍然贯澈下去。另一次是东汉桓帝时宦官指使人上书告李膺等共为部党，桓帝下诏逮捕党人，太尉陈蕃不肯连署下郡国，但陈蕃也被免职，并未能压下这一番事实。至于天子用人，有时被丞相、御史大夫所控制，如成帝想用刘向为九卿，屡次都被外戚王氏当政将军及丞相、御史所阻，因而不能得大位，这也是成帝用刘向并不十分坚决，他要和王家各将军及丞相、御史商量的原故。成帝并未曾充分的使用皇帝的权力，如果成帝一定非用刘向不可，那是任何人不能抵制住的。所以依照上述几个例子，并不能证明丞相可以有独持主张的权力，这也就成为西汉时代灾异之说被一切儒生接受，而想来利用的原因。到了东汉灾异说已变为无效，儒生才走到党人的路；到三国时党人的路也证明走不通，于是才会走上消极的清谈的路，来逃避现实了。

（3）内朝和州制的建立

依照秦汉时代的中央制度，参考传统政府的源流，秦汉丞相的权位，还算不了一个正式的内阁（cabinet）；但从汉高帝到汉景帝，这时丞相的功用的确已和正式的内阁很为接近。从皇帝来说，要把一切政治行动，都通过了这个近似的内阁下达全国，是非常不方便的。文景时代天子事务不繁，有这样一个综持政务的丞相，已经相当够用。到了武帝时代，他自己要做事，自己要多作主张，丞相的主要功用是在执行决策和承转诏书方面，其中最高的决策，却另有一部分天子的近臣、天子的宾客以及天子的顾问，这些人就成为一个顾问的机构，这就是所谓内朝。丞相、御史大夫以及九卿都不在"内朝"之列。丞相照例一直不入内朝的，但昭宣以后，九卿有时加上某些名义，可以算作内朝的分子。

这一个变革，虽然在功能上是天子减削了丞相之权，使丞相变成了一个常务官，国家主要的政务，由另外一个团体去决定，但从另一方面看，还有一个复杂的政治背景。在汉代初年，不仅丞相的权很大，并且丞相在惯例上一定在各通侯中选择。这些通侯多数是高帝时立功的功臣的后裔。因此，功臣后裔就自然形成了一个贵族的团体。依照汉初情况来说，这些功臣是帮助汉高帝定天下的，高帝崩后，他们还拥有一部分实力，吕后对他们也不能怎样。吕后死后，大臣诛诸吕之事，就是这些功臣联合发动的，所以汉文帝到长安，还要考虑再考虑，不能无所顾忌。文帝时代的最大成就，就是把京师的兵权逐渐的转移到文帝亲信之手。然后景帝方才收回诸侯王国的权柄。但是不论文帝或者景帝，在政治中还是依照着过去的成规，不曾轻易变动。因此丞相一职就成了贵族集团的代表人，因而贵族政治的气味非常浓厚，汉初"文景之治"也就是从这一点出发的。

到了武帝立为天子，他是一个雄才大略的君主，他不愿受到一般习惯法的拘束，同时他要用另外一般自己的智囊团，不愿和一般拘束成法的九卿二千石来商谈国家大计。他的左右宾客，甚至于他亲近的宦官，就形成了另外一群人（并且他还有意的把丞相摈除在这一群人之外）；这一群人就形成了所谓内朝，和国家正式（formal）的朝廷中，用丞相来领衔的百官相对。因而以丞相为领袖的就被叫做"外朝"。演变结果，内朝是主决策的，外朝是主执行的。

关于内朝的解释，是根据《汉书·刘辅传》颜注引孟康的话[16]：

> 中朝，内朝也。大司马、左右前后将军、侍中、常侍、散骑、诸吏为中朝；丞相以下至六百石为外朝也。

钱大昕在他的《三史拾遗》有一个更详的说明是：

> 《汉书》称中朝官，或称中朝者，或称朝者，其文非一，唯孟康此注最为分明……给事中亦中朝官，孟康所举不无遗漏矣……然中外朝之分，汉初盖未之有，武帝始以严助、主父偃辈入直承明，与参谋议，而其秩尚卑。卫青、霍去病虽贵幸，亦未干丞相、御史职事；至昭宣之世，大将军权兼中外，又置前、后、左、右将军，在内朝预闻政事，而由庶僚加侍中、给事中者，俱自托为腹心之臣矣。此西京朝局之变，史家未明言之，读者可推检而得也。

但是内朝（或中朝）的制度，据孟康所说，再由钱大昕所补充，就知道西汉末年的制度，不是汉武帝时当时的情况。内朝的官职也是后来逐渐增多，而内朝的习惯法也是后来逐渐完备，在汉武帝时候相当的草创，和后来不尽相同的。《汉书·严助传》说[17]：

> 繇是独擢助为中大夫。后得朱买臣、吾丘寿王、司马相如、主父偃、徐乐、严安、东方朔、枚皋、胶仓、终军、严葱奇等，并在左右。是时征伐四夷，开置边郡，军旅数发，内改制度，朝廷多事。娄举贤良文学之士，公孙弘起徒步，数年至丞相；开东阁，延贤人与谋议，朝觐奏事，因言国家便宜。上令助等与大臣辩论，中外相应以义理之文，大臣数诎。（师古曰：中谓天子之宾客，若严助之辈也，外谓公卿大夫也。）

在这里可以看出汉武帝时候内朝已经开始形成，其中成分却还简单，其中天子宾客，如严助、朱买臣、主父偃、东方朔、徐乐都是中大夫，吾丘寿王是光禄大夫侍中，只有司马相如因为不肯参与公卿国家之事，他的名义是郎，未加上大夫的名号。至于后来内朝最重要的成分，将军，在汉武帝时卫青及霍去病都是绝对不与闻政务，不在内朝之列。其在武帝时代，"更进用事"的九卿，及御史大夫张汤，也都仍是外朝的官吏，未曾加上内朝的什么名义。这种情形还是汉初的传统，武帝把这传统扩大了些罢了。因为在文帝时候，贾谊已经是中大夫，在天子左右，有不少的建议，因此才引起周勃和灌婴（周勃封绛侯，与灌婴并称绛灌）的不满。文帝为调协起见，才把贾谊送出去，作王国的太傅。这一件事正可以证明内朝、外朝的冲突，在汉文帝时已具有雏形。而贾谊所要做的，和汉武帝的主张也非常接近，只是文帝能够谦让未遑，把汉初制度延长了一个时候。

在内朝中，照一般的看法，是不把尚书算在内的。依照《汉书·刘辅传》师古注引孟康的说法，就未将尚书算在内。但是尚书的功能方面却显然是内朝的枢纽，谈内朝的职事，不能把尚书除外。其所以孟康不把尚书当作内朝官的，大约有几个原因：一、尚书职守自西汉以后时在变化，尚书虽然在内朝中甚为重要，但就外朝来说，尚书也要参与的，所以列入外朝也不算全错。尚书要主持天子的诏令，在西汉时已算作"三独坐"之一，到东汉时更为重要，他的权会超过宰相。就体制来看，而不就功能来看，尚书就更像纯外朝的官。二、孟康是三国时人，三国时承东汉之后，和西汉距离更远，而况三国时中书也都任用士人，算作外朝的一部分了。他当然更会受当时制度的影响，把尚书不放在内朝之内。三、内朝和外朝的分别，实际上也只照习惯上的分法，若按照国家成文定制，尚书令[19]不仅无三独坐的明文，而且还是少府的部属。既无定制的明文，所以列入内朝的官职，会有些出入。但这只是就表面而言，若追溯权力的来源，那就显然的尚书是参与内朝，执行内朝的决定，再到外朝去做形式上的传达者。依照《汉书·张安世传》，说安世领尚书事，"职典枢机"，以谨慎周密自著，"外""内"无间，每定大政，已决，辄移病出，闻有诏令，乃惊，使吏之丞相府问。这就表示内朝的政务，是比较秘密的，尚书虽然是其中的关键，却不容易被人注意，只看到尚书在外朝宣布诏令，便以为尚书的职守在外朝。但就实际性质来说尚书列在外朝，真不过只是一个内朝的代表罢了。

因为尚书是诏令必经的机构，所以西汉的元辅重臣，会加上领尚书事、平尚书事、视尚书事等名义。到了东汉就一律用录尚书事的名义。其中最重要的还是霍光的"领尚书事"，因为领尚书事，就是管制诏令的事，也就是可以有权指挥尚书令及尚书。这种权力实际上就是摄政，而金日磾和上官桀不过是霍光的副手。后来到宣帝初年，于定国为光禄大夫平尚书事，也一样不过是霍光的助理，比金日磾及上官桀还差一点。至于成帝时孔光和张禹的领尚书事，虽然也称作领，因为客观环境不同，和当时薛宣的视尚书事，都不过只是加入内朝的官衔罢了。到了东汉尚书令的权更大，"虽置三公，事归台阁"[20]。领、平、视等等的名义不再适用，只可用录尚书事，录就是录省，指可以过问的意思[1]，并非尚书令的上司。也就是这些元老大臣在内朝中，有他的一个地位。其中如太傅、太尉、司徒和司空，都可以加上"录尚书事"的名义。这和西汉时期纯粹外朝长官如丞相、御史大夫、大司马、大司徒、大司空等，从不加领尚书事、平尚书事等名义，完全不同。这也就表示着尚书已有内朝转成外朝的趋势，而尚书令的职权渐渐的宰相化了。"录尚书事"一职，在东汉时期本是安置元老的，后来建安时曹操辅政，加上了"录尚书事"的头衔，从此录尚书事一个头衔，就成为权力的代表。后来曹爽、司马师、司马昭都加了"录尚书事"，而在蜀汉，诸葛亮、姜维、费祎也都加"录尚书事"。到两晋时

---

① 编者按：《后汉书·和帝纪》注云："录，谓总领之也。录尚书自牟融始也。"又《殇帝纪》云："司徒徐防为太尉，参录尚书事，百官总己以听。"

期，如贾充、梁王肜、东海王越、王导、桓温、谢安、会稽王道子、刘裕等都加录尚书事，也就表示录尚书事权责的重要。

再就内朝的情形说，将军要算内朝的核心，而常侍则为内朝的重要结构；这两种职务，就是东汉外戚、宦官能够相代执政的凭借。常侍或中常侍都是从侍中一职转变而成的，而将军在武帝时不属于内朝范围，而是霍光辅政时才以大将军的身分加入内朝，金日磾及上官桀也各以将军的身分加入内朝。这件事是否汉武帝的遗意，在《汉书》中字里行间颇有疑问；不过不论是否汉武帝的意思，其将军一职在霍光辅政加入内朝显然的是内朝性质有一个划时代的改变。而西汉后期外戚的权柄从这一个组织开始，东汉从外戚当政演变为宦官当政而形成了权臣篡夺，和这个制度的形成有密切的关系，也是一个不容否定的事实。

（4）汉代的人事和选举问题

在汉代政治活动的场所上，有几种不同的人物在那里消长，其中有功臣（其后成为新贵族），有宗室，有外戚，有宦官，有文吏，有儒生，各人有各人不同的背景，就形成了消长和争执的局面。

当着汉朝开始的时候，萧何和曹参秉政，他们在当时行政中枢，并未曾受到任何的牵制。当时代表的政权，可以说是文吏的政权，萧曹政权可以说是一种现实倾向的政权；他们这些文吏，并无什么深远的理想，他们只希望树立一个清明、有效而安定的政权，来维持现状就够了。他们鉴于秦代政治的失败，他们知道秦朝的失败是由于烦扰，即政府管事太多，而实际上推行时又不能免除弊病，所以他们推行的是一种无为而治的政策。虽然秦代的法律还是一直保存着，只是执行的态度有一个极端的转变，这就树立了汉代初年的长期太平。而这种过分消极态度，也就为儒生所不满。

萧曹都是功臣而兼文吏的，他们的身分是功臣，他们的作风是文吏。等到萧曹死后，继承他们当政的人，便都是功臣身份，其作风虽然继承萧曹的旧贯，但却是盲目的继承，比萧曹本人们更少了一番了解。所以把这些人归类，只能归入到功臣一组；不过他们所任用的人，除去功臣子弟任子为郎的以外，还以文吏出身为主，所以汉朝初期，还是文吏当政的时代。

到了汉武帝即位，用人不拘一格，除去贵族和文吏以外，儒生也开始抬头。罢黜百家表章儒术原则也开始实行了。可是他也并不完全信任儒生，时常也用文吏来牵制。并且除去儒生、文吏以外，武人也有时加入任用的班次。他对于丞相始终是防范而压制，以致丞相随时都战战兢兢的来过日子，同时又把原来丞相史刺州之权，收归天子变成刺史的官职。所以这个时期可以说是天子专断的时期。不论哪种背景的人臣，都是平列的在天子管制之下。

天子从宰相方面收回了更多的权力，天子直接的权力增大了，天子处理的事务增多了，天子更需要更多的助手。过去和天子接近的只有郎和大夫，大夫由他官迁补，人数有限，郎的选任都是有任子、算赀以及少数的六郡良家子，学识和经验都很有限，不足应付当前的重大需要；所以为了征集人才，才有了新的选举制度。这种新的设计，从汉武帝即位时期已经开始，可知武帝在即位前已经有这种设计了。

这种举贤良的制度，提拔出来的当然是集中于两种人，第一种是儒生，第二种是文吏；儒生是从学问的造诣来选拔，文吏是从服务的成绩来选拔。这两种人数的比例增加了，一方面改变了汉代官吏的素质，另一方面也增加了工作的效能。汉武帝时对四方征伐，开辟疆土，国家支出迅速增加，但尚能维持下去，这与汉武帝任用人才，也并非没有关系。

当然，这种任用贤才的创意，还是要溯源到汉高帝，然后惠帝四年，文帝二年、十五年，都颁发过类似的诏书，而这一类型的诏书，正是要征集贤才。高帝十一年的诏书，是[21]：

> 盖闻王者莫高于周文，伯者莫高于齐桓，皆待贤人而成名。今天下贤者智能，岂特古之人乎？患在人主不交故也，士奚由进？今吾以天之灵、贤士大夫，定有天下，以为一家，欲其长久，世世奉宗庙亡绝也。贤人已与我共平之矣，而不与吾共安利之，可乎？贤士大夫有肯从我游者，吾能尊显之。布告天下，使明知朕意。御史大夫昌下相国，相国酂侯下诸侯王，御史中执法下郡守，其有意称明德者，必身劝，为之驾，遣诣相国府，署行、义、年；有而弗言，觉，免。年老癃病，勿遣。

这种举贤的观念，显然的，还是战国时代尊重贤士的观念延长下来的；尤其汉高帝生平最佩服的是信陵君，而信陵君正是号为尊贤下士的人。

孝惠时期只置"孝弟力田"员额，免去赋税，并非担任公职，稍稍不同一些。到了文帝时期，又和高帝时有点类似了，其中是[22]：

（文帝二年诏曰：）乃十一月晦，日有食之……天下治乱，在朕一人，唯二三执政犹吾股肱也。……令至……及举贤良方正能直言极谏者，以匡朕之不逮。

文帝十五年，诏："诸侯王、公卿、郡守，举贤良能直言极谏者。"

十五年的策问，并且见于《汉书·晁错传》[23]。但是举的次数还是较少，而且公卿大臣也并不见一定举人。到汉武帝时，虽然有建元元年及元光元年两次著名的策问贤良，而成为定制的还是元朔元年的诏书[24]：

公卿大夫，所使总方略，一统类，广教化，美风俗也。夫本仁祖义，褒德禄贤，劝善刑暴，五帝三王所繇昌也。朕夙兴夜寐，嘉与宇内之士，臻于斯路。故旅耆老，复孝敬，选豪俊，讲文学，稽参政事，祈进民心，深诏执事，兴廉举孝，庶几成风，绍休圣绪。夫十室之邑，必有忠信；三人并行，厥有我师。今或至阖郡而不荐一人，是化不下究，而积行之君子雍于上闻也。二千石官长纪纲人伦，将何以佐朕，烛幽隐，劝元元，厉蒸庶，崇乡党之训哉？……有司奏议曰……今诏书昭先帝圣绪，令二千石举孝廉，所以化元元，移风易俗也。不举孝，不奉诏，当以不敬论。不察廉，不胜任也，当免。奏可。

从此以后，察举的规模大定。西汉末年虽然比武帝时察举的次数更为频繁，东汉时更严格规定了每年察举，但正式规模却是从武帝时奠定下的；东汉时期进一步的办法，是从文帝及武帝以来，只有对策，到了东汉顺帝时，更清楚定明"诸生试家法，文吏试章奏"[25]，就和隋唐时代以后的科举办法有些近似了。

察举制度奠定了考试制度的基础，对于中国人事上的贡献（甚至于可以说对于人类人事制度上的贡献），是不容忽视的。察举及考试制度对于政治上和社会上的影响是显明的，将贵族制度下所压抑下的平民阶级的人才，给与提升的机会，使得政治机构随时有新的细胞加入，不至于腐化太速；并且对于社会上也造成了社会转换（social mobility）的机会，使得国家政治比较上接近于全民社会的，而不属于某一阶级所专断（中国历史上确有不少出身寒贱的人才，从考试制度中得到政治和社会地位。有些西方学者认为考试制度对于选拔寒微并无用处，这一点是不能同意的）。这也造成了中国的社会不仅和印度的社会全然不同，而且比较欧洲及日本的封建社会也很不一样，这可能说是汉代以后察举及考试制度的贡献。

虽然如此，假如就认为这就是"中国式的民主政治"，如同有些中外学者主张的，那也失之于笼统，把两种全然不同性质的辞意，混作一谈。民主是指政府受人民的控制，政府的权力来源是人民所授与，政府只向人民负责的而言。至于荐举、科举等考试制度，只是在任何政府（包括立宪政体及专制政体）之下，所采取的一种人事制度的方式，与民主政治的原则本来不在一个层次上。在民主政治原则之下，凡是公民都有同等的权利和义务，都对于政府有同等服务的机会，不应当有世袭身分的限制，这就使得边远和贫穷的人有到政府成为负责人之一的可能。在荐举以至科举的制度下，也曾提拔了不少岩穴之士，成为白屋公卿，使得世族政治失去一些效用，但仍然和民主政治有极大的区别。就二者显明的区别来论，计有：（1）从孝廉、进士到公卿，还要经过一个长时期的升转，从未闻直接考公卿，更不曾直接考天子，民主政治却直接选出多数党领袖成为责任内阁，并且还可以民选总统。（2）民主政治不仅要人民选举行政首长，更重要的还是立法权及代议制，荐举及科举却从来与立法权不曾涉及。所以民主政治和荐举及科举制度虽然在减损世族势力这一点上互相重合，但民主政治却还有它特有的更大范围。因此民主政治和荐举与科举制度还是两回事，不必相提并论。

再就察举制度来说，对于两汉时代的人事方面，的确有其功效。尤其对于儒生服务的机会方面，荐举制度的帮助甚大。但这种功效也不能持久不变。因为：（1）从光武以至明章，虽然不能信托某一个宰相，而且也未曾信托尚书及尚书令，不过这些担任要务的重臣都还是儒生出身的。到了和帝以后情形就转变了。最先外戚擅权，以后宦官执政，都是利用过去内朝的权力，而儒生就不再占重要的决定位置。（2）就以察举本身来说，也是渐渐的变质，在各郡之中还是世家大族，更占上风。世家大族利用察举上优先的机会，使得世家大族的地位更形稳固。这就形成了准贵族政治。等到曹魏实行九品中正法，荐举的决定，即在京师，当选的人更限于京师的豪族，而外郡的豪族又画出到范围之外；这样具有优先地位的家族，就更大为减少，选举的方面就更为狭小，魏晋的世族政治才更进一步的形成。不过依照东汉晚期察举的形势来看，也会一步一步演成世族政治，只是九品中正的办法更加速世族政治的实现罢了。

注：

1.《汉书》五十二，《田蚡传》，艺文本993页。

2.《左传》襄十四年，艺文十三经注疏本卷32，562页。

3.《史记》六，《秦始皇本纪》，艺文本126页。

4.见赵翼《廿二史札记》。

5.三皇在汉代为天皇、地皇及人皇。惟此见于《秦始皇本纪》的作泰皇，并且说泰皇最尊，此泰皇当非人皇，而当属《楚辞》中天皇泰一之别称。

6.见《战国策·赵策》所言新垣衍的建议。

7.周人立嫡立长的制度，见王国维《殷周制度论》。

8.秦始皇不立太子的原因，可从《史记·秦始皇本纪》中看出，因为秦始皇讳言死，认为立太子是一个不吉之事。

9.例如《论语》称"咨，尔舜！天之历数在尔躬"，孟子说

"天与之"，以及秦玺的"受命于天，既寿永昌"，都是"天授"的观念。

10.见《史记》一二二，1287页；《汉书》六十，1035页。

11.见《史记》一〇二，1122页；《汉书》五十，908页。

12.见《汉书》四十八《贾谊传》。

13.见《汉书》五十六，979页。

14.此引《今文尚书·泰誓》，不见于现存本《尚书》。

15.《汉书》五十六，998页。这个意见曾经由胡适之先生在北京大学《中国哲学史》讲堂中提示过。

16.《汉书》七十七，1260页。内朝制度参看劳榦《论汉代的内朝与外朝》，中央研究院《史语所集刊》第十三本。

17.《汉书》六十四上，1078页。

18.《汉书》六十二，1059页，司马迁为中书令，尊宠任职。中书令即中书谒者令，又称中尚书令，宣帝时弘恭、石显俱曾做过；中书令即尚书令之职，以士人为之，称尚书令，以宦者为之称中书令。至曹魏时始并置尚书令、中书监及中书令，俱用士人。编者按：本条注释在原刊正文失序号。

19.《续汉书·百官志》尚书令，注引蔡质《汉仪》曰："故公为之者，朝会不下陛奏事，增秩二千石。"（下字原衍，据惠栋注补。）（编者按：此句似是"不"为衍字。他本作"朝会不陛奏事",或谓"下"讹为"不"。)《后汉书》三十六,339页。

20.《后汉书》七十九,801页,《仲长统传》。案仲长统《昌言·理乱篇》言独相之重要,可谓古今至论。清沈钦韩博极群书,于此竟不能了达,足见知言之不易。又汉代尚书制度,参见陈树镛《汉官答问》(卷一,9–11页)(振绪堂丛书本)及周道济《秦汉政治之研究》(49–65页)(一九六八年刊本)。

21.《汉书》一下,39—40页。

22.《汉书》四,56—57页及60页。

23.《汉书》四十九,900页。

24.《汉书》六,74—75页。又此诏残简,亦见于《居延汉简》,偶有异文,可资参校。

25《后汉书》九十一,927页。编者按:《后汉书·左雄传》云:"诸生试家法,文吏课笺奏。"《胡广传》云:"儒者试经学,文吏试章奏。"

秦汉时期的中国文化

一 汉代文化的背景

今天所讲的中国文化，主要的是秦汉时代。秦汉虽然是两个朝代，但就制度上说，是一贯的。中国的过去光荣时代，一般说来是汉和唐，尤其唐代最为著名。但是唐代的最为著名，是因为当时全世界更无一个强有力的国家和唐朝具有同等地位。因此唐代成为当时的唯一大帝国。汉代却是东面是汉朝、西面是罗马东西辉映着。因此相形之下，汉代在世界上的地位不及唐代的特殊。

就特殊的世界地位来看，是汉不及唐，但就民族本身的成就来看，却又是唐不及汉。汉代不论在政治上、在军事上、在文化上，都是纯中国民族做成的，并未曾假借外力。所以不论在哪一方面来比较，汉代的成就，自有其特殊的意义。

汉代文化特殊的意义还不止只有这一点。中国文化从夏商以来，在春秋战国时代荟萃集结，成为一个最发扬光大的时期。所以汉代以前华夏民族的努力，也就是使汉代的国力，更将充实的大原因。

中国的文化，是曾经长期发展的。就我们比较明白的说是属于青铜器时代。青铜器时代的文化，是汉代文化的重要背景。中国青铜器时代从哪一个世纪开始，中国青铜器的发展，究竟是本地进化而成的，还是从外面传播而成的，现在都是一些谜。不过到了殷墟文化时代中，铜器的制造技术已经到了相当的高度了。因为中国铜器时代的进展，似乎比埃及和两河流域晚些，因此中国铜器的发展，有从西方传来的可能，但是在没有确实证据之前，应当避免作任何的揣测。

这种铜器在殷代或以后的周代，都是非常宝贵的，所以也称为重器；除用兵器之外，大都是属于重器的范围。精制的铜器，是当时艺术的一个重要的代表，他们大都属于王家和贵族，很少有平民铸造的重器。重器大都和礼节有关；现在尚存的重器，有许多部分还可以和周代的《礼经》中内容来相印证。从这一点来说，我们可以看出铜器的价值，也可以看出三《礼》和他们注疏的价值。

在殷商时代、西周时代、东周初期及春秋时代，以及战国时代，一个时代有一个时代的特殊作风，我们可以从铜器的类别、形状、图案、文字各方面来归纳，定出来相当可靠的标准来作为鉴别方法，断定属于某一个时期，并且从这种断代的方法，更明了了铜器的用途、铜器器形的演变、铜器的真伪，而从来的几个错误观念也可以纠正了。

春秋战国之际是中国文化史上的一个大变革时代。在政治方面，旧时的封建贵族已经渐次崩溃，变成了几个新的君权国家；至于世官、井田等等社会上和经济上的重要成分，也随同改革。好几个国家，因为他们的君主开疆辟土，和边境的各民族更增加了和平与战争的新接触。因此在文化上也受了新的影响。倘若将《汉书》中所表现的社会，和《春秋》《左传》所表现的社会来相比，那就很可看见春秋时代和汉代，其差异的程度也许比汉代和唐代的差异程度还要大些。所以战国时代，真是中国历史上的伟大时代。不过战国的史官纪录，可能和《左传》和《史记》一样详细的，都被秦始皇烧掉了。因此我们对于战国时代的历史事实，除去看司马迁根据《秦纪》所作的简单表格，和根据传闻和策士夸张的记录，作成了拼凑式的世家和列传之外，已经发现非常困难，没有多少可靠的材料，作为根据，但因为新史料的陆续发见，使得我们对这一个时代的重要性，逐渐明了起来。

中国本来不是一个产铜的国家，偶然有几个铜矿也在江南和巴蜀；在江南的，如丹阳和豫章的铜山，在巴蜀的，如严道和朱提的铜山。在殷周时代，虽然这些地方不是和中原没有交通，但彼此的关系，到战国的时代更为重要。西周时代，赐金还是一个特殊的荣誉。春秋时代，楚王赠给郑伯的铜，也和他加上一个"无以铸兵"的盟约。因为铜的贵重，所以商代器物格外加工，除此以外也只有兵器，至于青铜的农器，却从来未曾发现过。经过了西周，经过了春秋，到了战国，铜产随着南方的开发而增加起来，铜器的应用从国家大事中的"祀"与"戎"之外，推到一般人的日用上去。原来的贵重性质变成了平凡，再加上技巧的进步，厚的铜变成为薄的铜，虽然花纹和器形受了可能的外面刺激变为复杂，但是精工的程度总会渐渐的差了。所以到了汉朝，成为铜器美术上的衰颓时期。

斯克泰艺术的输入，的确是战国时代铜器艺术的一个新生命。斯克泰艺术的发源地，现在尚不能完全明了，不过就现有材料而说，大致东起西伯利亚、西至南俄的顿河（Don）和聂伯河（Dnieper）之间，至少在纪元前数世纪到纪元后约一世纪之间，有一种青铜器文化。在这一带的民族虽然有流动和移转，但在他们的文化上，要保存着一种特点。这个以斯克泰人为中心的文化，和伊兰文化、巴比仑文化、西部亚洲文化，以及希腊文化，都有相关。他们都是游牧民族，在游牧生活之中，有他们特殊的印象，这就是用动物和植物的形态来做装饰，尤其鸟类和兽类斗争的形态，在表现方面显示出来动作和力量。中国的图案，在殷商时代也常用动物，但所用的是安静、和谐、平衡和充实，与这种的设计，显然是不相同的。

在中国和外国，过去曾藏有许多斯克泰型的战国铜器，例如Sireu: *A history of Early Chinese Art*和梅原末治的《战国青铜器研究》[①]中都举出了不少的器物。而民国以来大批出土的，如同河南的新郑县、山西浑源县的李峪、安徽的寿县以及洛阳全村古墓所发现的战国铜器，以及濬县发现的铜器，都有不少的斯克泰影响。自然，其中不是没有中国式的成分，但是将中国的固有成分巧妙的与外来成

---

① 编者按：原书名为"戰國式銅器の研究"。

分配合为一，这却是战国作风中的技巧。这种作风是战国时代一个传播相当广的作风，从前有人称为秦式或淮式的，都不能够正确的指示；日本梅原末治《战国式青铜器的研究》，定了"战国式铜器"的名称，可以说比较是对的。

春秋战国之际铁器发展了，但所代替的不是铜器。铁器所代替的应当是石器，他的应用处，主要还是在耕种方面。战国时代虽然可能已有铁剑，但主要的还是应用青铜，一直到汉代，还有前面镶青铜的铁箭头，至于铁刀铁剑的广泛应用，应当还是汉代以后的事。寻常日用的美术器，是拿漆器代替铜器的，在长沙发现的楚国漆器，在平壤发现的汉代漆器，都是美术上的精品，而代替了铜器成为殉葬物品的主体。

汉代铜器的艺术，被漆器的艺术所替代。但铜器艺术残余的，还在镜鉴方面。汉代的镜鉴经过魏晋南北朝长期的发展，直到唐代，直到日本，还成为精美的艺术器，到宋以后又渐渐的衰微，到近世才为玻璃镜替代。宋代是镜鉴艺术的衰微时期，却是瓷器的发展时期。此时除去瓷器有了一个发展的新趋势而外，漆器也翻新了许多式样，并且在佛教的艺术上面，也开辟了新的地盘，因此中国的特有艺术，便分配到瓷器、丝绣和漆器上面去。

二 从木简来看汉代文化

我们现在拿一片汉代的木简来看，表面上虽然简单，从大树变成木简，便牵涉了不少汉代的文化现象在内。先从大树锯下来，需要大锯子，再将木桩用大锯子解成木版，然后再用小锯子将木版子解开，再用削刀将版子削平。（铇字见于《正字通》，故古代应当没有铇子。）这种锯子和削刀，就代表汉代的工具。这些工具是铁做成的，因此就牵连到铁的问题，汉代铁矿的分布，铁矿的开采方法，炼铁的方法，炼铁的燃料，矿山和矿厂的组织和管理，矿山和工厂工人的性质，矿山和矿厂工人的待遇。再就将生铁做到工具，又牵涉城市中的铁匠，包括铁匠的行业，铁匠的训练，炼铁的技巧，铁匠铺的布置，打铁的工具和方法，铁的成品的售卖（在本店与市场），售卖时所用的货币，以及市场的范围。此外还牵涉燃料的运输问题，生铁的运输问题，车的形制（有牛车和马车），道路的形式，道路的管理。但是以上的种种，有的是可以知道的，有的却因为史料不完全，不能断定了。

就以上所举的来分析，我们就大致知道的来说，至少有以下的三部门：

第一：关于铁的方面。汉代对于铁是非常注意的。汉武帝时的公卖物资，便是盐、铁和酒。在《汉书·地理志》中，记有铁官的有四十一个；照《食货志》说："郡不出铁者，置小铁官"，注称"铸旧铁"，也就是说一百多郡国之中除四十一个铁官以外，还有六十个小铁官。这些铁官管理着来铸农器给农民，农器之中主要的是犁和镰。

农耕的器具，最早为小锹，再进步为锄和犁，而犁比锄还要进步些。在古埃及图画之中发现了犁是由锄进步而来，尤其显著的，是犁和家畜的使用，多有密切的关系。牛耕一件事，是最早起于埃及，再次为巴比仑、印度、中国，再次为欧洲，美洲的印第安人却一直没有牛耕的事实，连秘鲁的印加帝国也算在内。中国对于牛的使用，据说商朝的祖先相土开始，但到了春秋战国之间，因为一些不知道的原因，使得牛耕、铁器、犁的使用，都同时在中国被发明了。（骑马的骑术也是同时。）这些事实，促成了中国农业的进步，促成了粮食的增产，促成了人口的增加，促成了君权国家的形成，也促成了战争规模的扩大；这些条件的累积，又是秦汉大帝国能够形成的主要原因。

第二：关于人力方面。中国的地理状况和人口分布状况，决定了人力使用的性质。就春秋以来的发展来说，开发地区大致都在黄河流域一带，这里纬度大致相同，物产也相类似。地区相当的大，而水路的交通却不发达。这一个大的区域，形成了同一的农业文化。商业虽然有，但因为地域分工不过分显著，所以不能占社会经济的最重要地位，而商人阶级对于社会和国家的贡献，也并不为当时学者所重视。此外，经过了夏商周三代，将近两千年的长期统治（差不多等于东汉到现在的时间），平衡而安定的时间比较上还不少，平民的人数增加，奴隶的来源缺乏。从《豳风》的时代开始，我们看见的农业，便是以平民身分劳动的农民，他们的自由，可能比佃农的限制多些，但似乎还不及欧洲中古农奴的那样多的限制。所以在这种情形之下，是以自由人的劳动为主，虽然不是没有奴隶，但奴隶只应当占全部人数的少数。只有到秦代，利用大量的俘虏和罪人，作为奴隶来使用。这是殷周以来历史上的特例，汉代减轻刑法，官家奴隶便只有不太惊人的数目了。

汉代初年工商的生产曾使用过奴隶，《汉书·食货志》所举出来的，便是显明的证据。到汉武帝抑制商人，使商人在社会的领导地位降低，并且将私奴隶没入官家，于是汉代的铁官所属，多为官奴隶。《汉书·五行志》且曾说到铁官徒的叛变。不过汉代采铁是一回事，铸铁是一回事，炼铁和作器，又是一回事。从汉代已经使用木炭，并且从《盐铁论》"割草不痛"一语，知道汉代已用铁，并且是一种技巧上的事，那就除去奴隶以外也用着冶工了[①]。

第三：交通和运输的问题。关于这一类的问题，对汉代的关系，甚为重要。汉代是一个大陆的国家，要维持一个有效的统治，非有一个有效的交通系统不可。美洲的印加及马雅帝国，西班牙人一到，立即归于毁灭，其结果还不如埃及和印度，和他们不能充分利用兽力的交通，他们甚至连轮子也没有，关系很大。汉代便是利用有效的交通系统来克服他的困难的。

汉代的陆路交通，普遍涉及全国的各处。平原的运输是从旧日的阡陌改变而成的。这种道路至少在周代时的"周道"已经是宽直而平坦了，在路的两旁也有荫树；不过这种道路只是利用原有的黄土筑成的，并未曾修上碎石或石灰一类的材料，因此一遇大雨便有不便通行的苦恼。

[①] 编者按：《盐铁论·水旱》云："农，天下之大业也；铁器，民之大用也。……县官鼓铸铁器，大抵多为大器，务应员程，不给民用。民用钝弊，割草不痛，是以农夫作剧，得获者少，百姓苦之矣。"另，本句中"已用铁"，原刊误作"已用钢"。

在山中的道路，是用人力来开山的，并且还利用木料作成栈道。因为当时火药还未发明，所以开路相当困难。只是到了汉代，铁器已经普遍使用，所以开山究竟比从先要容易些了。尤其到了东汉，更有许多开山修道的记载。我们知道当时不论长江流域和粤江流域都已经开了大道，不论东面到现在的浙江，西面到现在的四川，南面到现在的广东，都可以行车，因此汉人的文化，也就成了车的文化，汉人所到也就是车的所到。

中国的政府，最注意是民生的安定，而不是贸易的发达。所以关于交通的处理，是政治上的理由远远的超过了商业上的理由。纵有若干情况是属于经济上的，但经济上的理由，也是为的是国家的财政和军事，而不是为对于商人的便利。假如为商业上的理由，那中国的西北区域，远不如东方区域的重要。但事实却不然，全国道路的中心，是在长安和洛阳。而这两个地方都是政治的意义重于经济的意义。因此除去纯属于政治上如官吏的巡行和调动、军队的遣派和调防等事项以外，而军队上后勤的输运，以及各处税收向中央的提解，和中央对于贫乏地区的资助，也是政治上的理由较为重要。从这一点来看，也就可以看出汉代的社会，商人在中产阶级中，并不是一个主要组织成分，而组织中的重要成分，却属于和政治关系较为密切的知识分子。

汉代的政治中心，被限制在黄河流域，而黄河流域的水运很难利用，这就限制了汉代商业的发展。中国沿海的交通，开展已经很久。我们看一看沿海的国家，例如吴越和齐，都有海上交通的事实，但台湾海峡以北海上贸易的范围不大，只能说是地方的，而不是全国的。台湾海峡以南，因为海流及台风的关系，又使海上贸易受了大的限制。但是海道的险恶也挡不住贸易的开展，在西汉晚期，番禺已经成为重要的都会；到了东汉，到了南北朝，番禺的财富，还是靠着海上的贸易。到了唐宋仍然为市舶使驻在的重要地方。

长江流域贸易的情况，就远比黄河流域为重要。黄河流域的城市，是由政治上的原因创建的，多为正方形；而长江流域的城市，却由自然发展而成的，都市的形式，多半为沿河的不规则形，并且往往有一道河街，为最繁盛的区域，这一点从《水经注》所记载的已经是这样了。然而中国都城究竟在北方，而国防的重要和商业的利益也是冲突着，因此还是迟缓的发展下去。

三　秦汉两代的思想和政治

秦汉两代是代表着中国大一统的成功。但中国大一
统的趋势，却不始于秦汉两代。很古以前虽然不能完全知
道，但至少在商代的后期，帝国的规模已经显然的渐次衍
进。到了周初，周公当政，又向各方继续开展，成为周
代帝国的形式。西周晚年，《诗经·北山》所言的"溥天
之下，莫非王土；率土之滨，莫非王臣"成了后来一个广
泛传播的名句（到战国时如《孟子·万章》篇、《战国周
策》、《荀子·君子篇》、《韩子·说林》、《吕览·慎
人》篇①都引用过）。西周之亡对于大一统的趋势是一个
逆流，但却挡不住自然形势的开展。不论齐桓、晋文，是
一种变相统一的先导，而《春秋》中的"春王正月"更显
然具有深厚的大一统意义。此外《尧典》和《周礼》不论
是什么时候写定的，但其中显然含有从汉以前便已经亡失
的材料，也就是汉朝人做梦也写不出来的，其中便也显著
的，基于大一统的观念来写定。

春秋时代的晋国，挟天子以令诸侯，对于周天子的

---

① 　编者按：《吕览》，即《吕氏春秋》。

关系，可以说类似日本的幕府时代，关白与天皇的关系。晋国的成就是对外肃清了狄人杂居华夏的住地，对内确立了集中的君权。凭着晋国的适当的环境，树立了法律的观念（例如昭二十九年，赵鞅铸的刑鼎）。等到三家分晋之后，魏侯承继了旧晋国的本部，俨然为晋国正统之所在，尤其是魏文侯时代为当时的霸主。而李克[①]、吴起都是旧时主要的主张农战的人。这种主张，后来就成为商君政策的背景。

　　秦国一般认为全是西戎之俗，这是不确实的。不错，秦国含有很浓厚的西戎气息；而住于草原文化及华夏文化交汇之处，但却不这样简单。秦的公族是和徐、赵一样的东方分子，秦的中等分子又含着很显著的西周遗民，再因为和晋国世为婚姻，又受到晋国文化重大的影响。譬如秦的文字，便和西周一脉相承（见王国维《战国时秦用籀文六国用古文说》），而秦的文学又和晋国的文学非常相像（如秦的《诅楚文》便和《左传》所载晋人吕相的绝秦文同类）。这个东西交错的新国家，虽然它的文化因素我们还不能做一个精确而详尽的分析，但它所代表的时代意义

---

①　编者按：李克，此处应指李悝。二人是否同一人，向来有不同意见。

绝不是偶然的。

秦国在魏国盛极一时的时期，虽然一时潜伏着，但是到了韩国灭郑的第二年，西元前三七四年，秦献公从雍（凤翔）徙栎阳（高陵东），到了公元前三六四年，便大破三晋之师，这就表示着，秦国的势力已经开展了。等到秦孝公任用商鞅，更使得日就强大的秦国，得着更进一步的发展。所以秦的变法只是促进强大，而不是转弱小为强大。换言之，秦的变法，是由秦的发展，在客观条件之下来促成的。

秦国的发展，使得他的政治条件成熟了。商君把三晋的法家的观念输入到秦国来，恰合秦国当前的需要。他的政治原则，是强公室而杜私门；他的经济原则，是不重分配而重生产；再将人民在国家领导之下组织起来，在农和战两个原则之下，向国家效忠，然后定出来客观的法律来支持他的政策。这许多条件，使得秦国成为一个有组织、有效率的国家，使秦无敌于天下。

从魏惠王之败到齐湣王之死，将近六十年之间，东方发生了许多变化，结果只落了实力消耗了而各不相下。这是一个关键的时代，只有秦惠王灭蜀，获得了经济上的重要资源地带。此后秦更利用蜀地的上游形势和长江运输，夺获了楚国的南郡（湖北省），再利用他的骑兵和荆益的经济条件，一步一步的东进。到了始皇即位之前，秦国已经占有南郡、南阳、河内、上党，以至于太原。也就是从太行山以西，再南大致沿现在平汉铁路以西（除去洛阳附近以外），大致在西元前二六〇年左右，都成了秦的领土了。

大一统的思想既然早已经完成，秦的统一天下趋势已经决定。一统政治的实现，已经只是时间问题了。所成问题的，只是法家的思想，对于秦国的前途，应当如何处分和利用了。在国与国战争的时候，法家诚然是一个有效的思想；但治理一个统一的帝国，使他得到太平，是不是一个最适当的思想，究竟还有问题。因此在西元前二四九年，吕不韦作了秦的相国，就深切考虑到这个事实。他召集了天下的贤才，兼儒法，合名墨，而归本于道家；在他取魏二十城置东郡的第四年，也就是大败东方各国（除去齐以外）的联军第三年，当秦始皇即位第八年的时候（西元前二三九年），他和宾客们完成了他的巨著《吕氏春秋》。这部书的伟大贡献是将老子的小国寡民主张，庄子的遁世绝俗主张，衍变成了使得一个大一统的具有文化的帝国，可以做到无为而治。但非常不幸的，他的不朽的巨著完成了，他的政治生命也就终止了。到了秦始皇九年和十年之间秦国发生了政变，吕不韦被废，再就迁到蜀中自杀[①]。

秦始皇的胜利，吕不韦的失败，自然政治上非转变不可，不论将来用哪一种主张，至少吕不韦的主张不会再用了。秦的传统，是一个商君政治下的法家传统，但秦始皇亲政以后的设施，似乎并不全是这样。秦国的七十博士，实际是仿孔子七十弟子，而秦始皇二十六年的琅琊台刻石，也还是一个《尧典》《大学》和《中庸》的结合品。所以从秦始皇二十六年统一天下到三十四年焚《诗》、《书》、百家语，这九年之中（加上吕不韦死后，秦图统一之前，还有十五年），走的是汉武帝式的儒法兼用的"杂霸"路线。直到三十四年焚书，三十五年坑儒并遣出太子扶苏，才完全是一个日暮途穷、倒行逆施的现象。于是在一个绝对专制局面之下，完全采用韩非的遗说，国内"无书简之文，以法为教，无先王之语，以吏为师"，君主成为神秘不可捉摸的怪物，而秦帝国再过六年也就崩溃了。

道家和法家的基本区别是道家把君主当作一个平凡的人，而法家把君主当成超人。道家凭着人生的经验，

---

① 编者按：据《史记·吕不韦列传》，秦王赐信给吕不韦："其与家属徙处蜀"；吕氏"恐诛，乃饮酖而死。"

而法家凭着分析的头脑，所以道家世故深，而法家理论密。韩非是讲法和术的，他对于法术的定义是："术者，因任而授官，循名而责实，操杀生之柄，课群臣之能者也，此人主之所执也。法者，宪令著于官府，刑罚必于民心，赏存乎慎法，而罚加乎奸令者也，此臣之所师也。"（《定法》）但《吕氏春秋》却主张："大圣无事而千官尽能。"（《君守》）"古之王者，其所为少，其所因多。因者，君术也；为者，臣道也。"（《任数》）"有道之主，因而不为，责而不诏，去想去意，静虚以待。"（《知度》）"人主之所惑者，则不然。以其智强智，以其能强能，以其为强为，此处人臣之职也。处人臣之职，而欲无壅塞，虽舜不能为。"（《分职》）秦的实验失败了，汉初又回到道家去。道家的主张下，君主的运用技术，较法家的技术还要困难，但汉朝初年，尤其是在汉文帝时，实行成功了。

汉初政治的成功，当然和汉文帝有关，他不仅能无为，而且能守法。他把握住无为而守法的中央，使得一切政治顺利推行下去。但是秦国自商鞅以来，立下的强固的政治组织，有效的工作效率，当然也是他能够实行"无为"的基础。秦汉政治组织是中国政治史上一个伟大的艺术品。它的特点是制度简，员额少，任务专，权限明，应付工作的机会多，应付人事的机会少，因此也就可以达到工作较高的效率。秦汉政治的中心虽然集中中央，但各郡的权责却非常大，太守虽然限于外郡人，作为中央的代表，他在一郡之中，可以全权处置，不受任何阻碍。郡对于县，也是分层负责，权职分明。就现有的史料来看，汉代郡制之中造成了不少卓越的循吏，而中央政府也就树立在这个巩固的基础上。

汉代对于域外的武功，也是树立在内政的基础上。汉代对于最大敌人，匈奴，在主力上并未曾假借外力或外国人的军队，而是用着自己的力量来和匈奴作一个生死的搏斗。这个搏斗的成功，可以说：第一，秦汉时代，是有计划而没有例外的征兵制（唐代的府兵，只是特殊区域兵，不要误会为征兵）。第二，秦汉时代，是有一个严密的运输系统（包括道路、车辆、仓库、通信系统及管理系统），从这一个运输系统出发，使得可以对敌人作有效的经济战。——但尤其重要的，还是秦汉时代简单而有效的中央及地方组织，是一个最适于全体动员的组织，遇见战事，可以很容易将全部的国家力量用上去。

东汉虽然仍在实行征兵制度，但废除了大部分的外郡常备兵，武力要差了一些。不过政治效率仍然很强。只是东汉时代中央不如从前的安定。到了东汉晚期，外戚和宦官丞相①秉政，清明的士大夫阶级终于无可如何，直到董卓入洛，中枢覆败为止。这是无可如何的事，这也是中国传统政治的绝症，因为中国传统政治，不论好坏，都是一切官吏最后向君主负责；君主一定有智有愚，有贤有不肖，不走向民主之路，绝对无法得到长治久安的。

汉代自从武帝以后，儒家的思想格外抬头。有人以为便于统治，这是不对的。周秦诸子，不论哪一家，不论是道，是法，是墨，都是尊君抑臣，为君王设想，岂仅儒家一家。而况讲尧舜，说汤武，也不是儒家以外各家所常道，这对于绝对君权并无好处。当时儒家所以被尊崇的，实在是由于理论完整，内容丰富，迥非其他各家可比。因此为太子师傅的往往都是儒家，这就注定了儒家一定成为学术的正统。到了西汉晚年，许多新材料发现了，使儒家内容更为丰富，于是到了光武以后，古文学更成了儒家的正统。

汉代还可注意的一件事，便是自然科学已经开始在

---

① 编者按："丞相"，疑即"相继"之误。

萌芽。尤其数学的发展，已经直追希腊而超过印度。此外如《淮南万毕术》，虽然是一个方士的实验，但西方化学也是从方士产生的。在应用科学上，如弩机的使用，造纸术的发明，都是很有价值的事。中国文化对于科学是接近的。至于为什么后来进展不快，可能还是实际问题和环境问题。中国的士大夫对于科学只能认为副业，而寺院之中又缺乏研究科学的传统。

在这一点要附带说明的，便是至少从上古两汉的中国文化看来，中国文化的本质是接近民主和科学，而民主和科学在中国进展不够成熟的原因，是由于环境上、技术上及其他本质以外的因素。

四　汉代的艺术及文学

汉代是一个艺术非常发展的时代，因为本身的进展，以及外来的影响，使得汉代的艺术，更为成熟。就现存所能知道的来说，可分为陶器、漆器、壁画、镜鉴、织绣、石刻各类。在陶器方面来说，大部分属于殉葬的明器或墓砖。明器方面代表的有人物俑和房屋。在房屋方面，就现在所知道的有住宅、楼阁、门阙、牛车、仓、灶、羊舍及豕圈、田地等；在墓砖上刻画的有人物、房屋、车马、龙、凤、虎，以及桑树、盐井等。漆器是汉代艺术的代表，在乐浪，在长沙，以及在外蒙古都曾经发现过。主要的是奁匣、盘、耳杯及碗。以黑器朱花文及朱器黑花文为最多。但也夹着淡黄、棕色和淡绿的花文。花文有人物、飞鸟、云龙及图案花文，画的线条都非常生动。尤其是朝鲜王盱墓及彩箧冢发见的最为著名，这些漆器大都是从蜀郡造成的。壁画有营城子和阳高县墓中的壁画，和漆器属于同一的风格，并且漆器又和寿县楚王墓中发现的棺片和所谓淮式镜的风格，有相互的关系。

汉代的石刻，以山东、河南及四川为最多。山东有嘉祥县的武氏祠，肥城县的孝堂山，金乡县的朱鲔祠，及滕县的曹王墓等。就中朱鲔祠当为后汉章帝时代，滕县石刻为后汉章帝时代，武氏祠及孝堂山就属于桓帝及灵帝时代了。河南的石刻有嵩岳太室石阙及南阳画像。山东和河南的画像代表着汉代重要的艺术和史料，这些画像风格是各不相同的，不过由于刻法的关系大，由于画法的关系小。四川的石刻尤其以石阙为多，遍于四川各处。其中最著名的，如冯焕石阙、高颐石阙、王稚子石阙等，每一个石阙都代表建筑和绘画的双重意义，而两间孝堂山石室，更是现存的唯一汉代房屋建筑。至于石刻的人和兽，最著名的是昆明池的石鲸，但现已不存；渭桥的牛郎织女，已经风化得仅余痕迹。只余霍去病墓前的石马，鲁王墓前的石人，南阳宗资墓前的天禄辟邪石兽，武氏祠前的石狮子以及四川高颐墓前的石狮子，尚可看出汉代立体的石刻。其中尤其以石狮子最有力量，而天禄和辟邪也是一种有翼的石狮子。据说一角的为天禄，二角的为辟邪，无角的为狮子，这也只是个勉强的分类罢了。

汉代的铜器，大都以实用为主，除去奁匣尚有精工雕错的以外，有艺术意义的，大都属镜鉴一类。汉代的镜，因为需要作为照鉴之用，所以铜质比较精细，镜面也极为平滑。可以作为代表的，大半为花纹流利的淮式镜和花纹整齐的T、L、V式镜（大致是摹仿日晷的花文，作为辟邪之用的）。大部分为圆形，有时还有铭文和年号。

丝织品是中国对外贸易的重要出品，尤其重要的是织锦和刺绣。斯坦因在楼兰遗址上曾获得精美的织锦，其上有云龙、狮子、麒麟，以及吉祥文字。科兹洛夫在外蒙古库伦以北的墓葬中，亦曾发见汉的织锦及刺绣，其上有有翼的兽类，及骑马的仙人；上有"广成新神，灵寿万年"等字样。各种绣风亦兼含有中国作风及希腊作风。这里所要注意的，是中国除去丝业之外，还有复杂的提花业及精美的染工。

现在所能够根据的实物，比起来当年汉代的艺术品，其比例可称极少。但在各方面看来，已经有长足的进展。再从这些实物来比较一切的记载，更可以相信这些记载的真实性。

汉代的文学除去散文以外，韵文更值得我们的注意。汉代的赋是不合乐而朗诵的，专以铺陈事实为主，也可说是一种史诗性质的朗诵诗。自然朗诵的对象是贵族，而不是平民，所以内容和作法也以贵族为主。不过渐次演变，到了唐代就成了显著的极端两支：一为考试所用的律赋，一支就成为民间文学的《晏子赋》《韩朋赋》了。五七言诗也是汉代开始的，一个来源是外国音乐的输入，另一个来源是民间歌谣的转变。当武帝前后，民间歌谣还是类似《楚辞》的格调，和类似《诗经》转变出来的格调，但五言诗却渐渐的发生了。最早的五言诗，似乎是《汉书·五行志》记述汉成帝时的童谣，此后五言诗便渐渐的多了。七言诗更应当比较后些。不过五言诗和七言诗的成熟，似乎还在东汉末年到三国之际。

中国诗的体裁，两汉是开一个新的局面之时。后来的不论所谓近体或古体，五言或七言，都是在汉代发源。不过要注意的，便是汉代是一个新的音乐完成的时候，新的诗体的完成也是由于新的音乐的完成。后来的词和曲，也是同一的轨道。所以今后诗体的发展和完成，似乎也应当和新的音乐有多少直接或间接的关系。

总之，秦汉时代是中国文化发展史上的一个非常重要的时代，今天作一个简单叙述，许多地方都说不到。但是我推想到，中华民族是一个具有坚韧性的民族，古代的几盛几衰，仍然停止不了中华民族的继续创造。中华民族是一个富于吸收性的民族，无论哪一个新的文化到来，都不至于深拒固绝，经了一个相当时间，一定可以融会贯通而造出一个新面目的文化来，所以前途一定是光明的，但责任也是繁重的。

自由讲话

一　董作宾先生

秦汉时期的文化材料是太多了，还有关于文学、艺术、科学等各方面的特殊贡献，今天劳先生所讲的还没有提到，当然是时间所限。希望于讲稿发表时，能加以补充。

二　苗启平先生

秦始皇是中国历史上了不起的人物，虽贵为皇帝，却劳勤不辍，除处理朝政，每日事每日了之外，还亲往各地巡察，因过分的使用自己的劳力，使自己劳瘁而死，因过于开发，过于使用民力，使秦国不旋踵随之崩溃。其后的隋朝与秦极为相像，连二世而亡国也竟相同。

汉代的雄略，令人崇敬，至今中国人被称为汉人，即由于汉朝而来的。

中国的外患，自古到今，均来自北方，秦始皇筑长城便是防御北方的匈奴；现今□□□□①，仍是北极熊的作祟，回想当年盛世，实不胜感慨！

三　田培林先生

劳榦先生的讲演，对于秦汉时期的中国文化，作一番

---

① 　编者按：此处空四字。

扼要的叙述，听过之后，获益良多。但是我有几个很平凡的问题，特别提出来，请劳先生指教。

一、劳先生以为使用青铜的文化，是本土固有的，抑为外来的，很成问题。因为在殷墟发掘出来的青铜器，花纹制作甚为完美，在以前，其他地方不曾发见过，所以这样的青铜器，是否属于中国本土文化范围之内，颇成问题。劳先生这种科学的怀疑精神，自然很可佩服，但是，古物的获得，只是"偶然的"，并不是"必然的"。也就是说，古代的文物，并不是全部可能的在地下保留起来；即使退一步假定的来说，古物很有可能保存在地下，可是我们也不能够相信能够全部的被考古学家发掘出来。如果我们采用实证主义的科学方法，凡是没有具体事物作证的，我们就不相信它曾经存在过，那么可信的事件，就太少了。殷墟发掘出来的甲骨，在其他地方，也不曾发见过。甲骨上的文字排列，都有一定的形式，是否我们也应该对于它，加以怀疑，不肯断定它是属中国文化范围以内的？在殷墟发掘出来的有青铜器，这已经明明白白，多多少少是一种积极的证据，我们并不能在中国以外，替它找出一个来源，而是证明这个来源确实可靠，那么，我们怀疑它是否属于中国文化的体系，就我的外行的浅见看来，这种怀疑似乎有些近于多余。

二、秦的统一，是受法家的影响。商鞅的变法，主张"尊君"、"弱民"，替秦国建立了统一、强大的基础；韩非以为商鞅"知法不知术"，又替君主们作下了许多统御天下的计谋，如"五蠹"、"孤愤"、"内储说上"等，可以说是专制君主所不可不读的书。劳先生以为他们两个对于秦之统一，有大的贡献，自然很对。但商鞅对于秦始皇的影响是间接的，韩非对于秦始皇的影响，也只偏重理论方面。至于直接和实际方面影响秦始皇的，应该是李斯了。李斯初见秦王，就劝秦王下决心并吞天下。后来的陈逐客，反对分封诸子，确立郡县制度，甚至建议焚书，都是帮助秦始皇完成统一，建立君主专制制度的。所以我们以为李斯对于秦始皇的影响比商鞅、韩非，还要大些。

三、讲到汉代的文化，我们对于王充的思想，似乎应加注意。王充的思想可以说有很显著的启蒙色彩。对于过去的传说、迷信，都根据理性作一番廓清纠正的工夫。西洋近代启蒙运动以后，科学发达，文化方面，有很快很大的进步。王充的启蒙思想，在汉代文化中，何以不能成为一种思想方面的运动，发生一些影响？是否是因为"表彰六经"，"定于一尊"，王充的思想，才未能引起注意？
这也是我向劳先生请教的一点。

四　曹裕民先生

中国的文化，以工具说，分石器时代、铜器时代和铁器时代。但以性质说，则在"原物"和"化造"的不同。人类知道用"火"以后食与用，不必再赖天成原物，可以化学制造，生食改为熟食，这是划时代的重要发明，关系人类文化极大。以后人类知道吃"盐"，也关系人类繁殖和文化极巨；这是药理化学的开始。中国氏族，久居黄河上流及西北各地，是否西北有石盐矿之故、因之繁庶，无形受盐的好处？最初中国沿海及东南西南诸地，人迹稀少，是否因为人类必需品如盐的缺乏，无形受了限制？很久很久之后，交通发达，运盐便利，人类乃能散居各地，民生文化因亦普遍，其中"盐"是否为原因之一？这种看法不知道对否？海水煮盐方法，是发明很晚的，四川取地下卤水煮盐，时代更晚。春秋战国，虽有关于盐类的纪载，但战国时代距离远古文化已是很迟很远。本人私见，人类能够移居海滨四荒，历久而繁庶，发明海水煮盐，是否也是主要原因之一？方才劳先生说，汉朝由铜器时代进入铁器时代，是以工具型式作象征，确有至理。可是铜铁器都是"化造"，与石器"原物"，性质不同。治汉名臣，"盐"与"铁"并重，或且盐居铁上。猜测当时情形，一定有特别原因。汉人开筑道路，加强交通，四方边疆，有坚固的经济制度，诚如劳先生的话，那末日常必需品如盐的产销，一定也是主要对象之一。因为盐是人类不能一日或缺的，关系人类繁殖生存和文化很大，所以本人希望诸位历史学家，多多注意盐的史实。

五　汪新民先生

一般人对于秦始皇的观念，因受儒家思想的影响，所以总认为秦始皇是一位暴君。这个看法，值得重加检讨。个人认为秦始皇除不该焚书坑儒外，仍是一位值得尊重的大人物。以筑万里长城一事来说，这种精神和毅力便非常人所能企及；用过去建筑万里长城的艰巨工程，在现在便可以完成国父《实业计划》中的十万哩铁道的建设。

刚才劳先生说汉代有很多优良的政治制度，可惜没有实行民主政治，结果仍难免崩溃。我觉得这种想法是对的，不过在当时是不可能的事。在那个时代，实在不会有人主张民主政治。汉末刘备、曹操、孙权无一具有民主思想。汉以后也是抢政权的人有，怀有民主思想的人则无。因此，君主政权自汉至清延长了二千年左右，就是辛亥革命的民主思想，还是来自外国的。故在汉代实不可能有民主政治的实现！这是我个人对当时政治趋势的一种看法。

六 劳榦先生（综合解答）

承蒙诸位先生指教，异常感谢！

关于汉代的文学、科学等，因时间不敷，未能讲述，容当于讲稿内补充发表。

秦、隋两代确极相似，但仍有不同点。秦代政治是开创的，比较单纯，隋朝政治外来因素更为显著，便比较复杂。

青铜器在中国所发现出来的，殷商时代便已有很高的技术，以前的又未发现，究竟来自外国，抑中国本上？在考古学上仍然不能解决。

李斯思想与韩非同，且系受韩非思想之影响。

王充思想在汉代可以算是启蒙思想，惟在王充之前，尚有扬雄、刘歆、桓谭之流。王充思想何以不能倡导科学思想，原因并不简单，或者是王充思想中尚未能运用逻辑。

中国思想上的障碍，是由于文字的简单，不能表达复杂的思想，譬如《几何学》，我国在明末早有翻译本，但看现在的中文本，不如看德文本、英文本容易了解；科学的不发达，恐也是这个原因。自从采用白话文以后，已经有了很大的改善。

盐在中国文化上确有很大的关系，值得注意的。

一般人对秦始皇的错误的观念，是因为秦始皇专制作风所造成的；秦始皇的专制作风，在中国帝王道德标准上是不好的，中国传统的政治道德观念，是要人民安居乐业，而秦始皇太好做事，过于劳民，才受到后世的不良批评。

民主政治在汉代自属不可能，我在演讲中所说的只是找"病源"，犹之乎人类早已有癌症，但迄今尚无有效的治法。病源是一回事，治法又是一回事。中国的民主政治观念，孟子已经在倡导，以后儒家也间有提及，黄宗羲的《明夷待访录》，就比卢骚要早；中国民主政治观念实在萌芽不算晚，只是民主政治以及代议制度都有技术问题，在欧洲也是经试验有年而成的。

结束讲话

朱家骅先生

听了劳先生的演讲，使我们对于秦汉时代的文化得到了很多的了解和认识。秦汉时代在中国文化演进中是占有一个极重要的地位。中国大民族的造成，是由秦汉大一统而来的。这种统一观念，在夏商时代就有的，前次董作宾先生主讲"中国古代文化的认识"的时候也有提到。可见这种观念是承先启后的，而不是突起的，这也可以说是中国文化的特质和精华。秦的强盛是采用法家学说。秦始皇的大统一是完成于西历纪元前二二一年，但是秦的强大却是已经开始于商鞅作宰相的时候，在西历纪元前三五二年。商鞅一般人都是法家。其次韩非的著作对秦始皇的影响很大。李斯也是作过秦的宰相，对于秦的统一，贡献很多。韩、李等也都是法家，很少儒家的气味，所以可以说帮助秦创造统一帝国的是法家。劳先生讲到汉朝的扩展，讲效率，重组织。又说汉朝的学者重视数学。似乎因为没有把儒家定为一专，影响了学术的发展。秦代的文化，无疑的法家思想占有重要地位；汉代的文化中，数学也相当受人重视。

在西洋文化中，民主政治是由法治思想所形成的。而在中国法家却替秦代帝国，乃至为历代帝王的专制，奠立了基础。在西洋文化中重视数学的结果，促进了科学的进步，而在中国则以汉代的注意数学，对于后世却并没有发生什么影响。固然一个时期有一个时期的环境，以现代的情形不能推论以往，但这个问题在我们研究中国文化问题的时候，还是值得注意的。以我个人浅薄的看法，西洋的法家，讲到"法"，就说到"法"的来源，他们以为"法"应该是人民公意的表现，所以人人应该共同遵守的。中国从前的法家，乃是怕皇帝任意妄为，又怕贵族利用特权，所以才要定出"一"而且"必"的法律，至于"法"是否人民的公意，这一点，吾国从前的法家似乎不大注意到这个问题。因此中国过去的法治观念与西洋的法治观念是根本不同。西洋的"法"是人民自己共同所订，也由人民共同遵守，故能走上民主政治的途径。至于数学方面，中国数学未能运用到微积分，甚至连代数、几何的阶段都没有达到，始终是在数目大小计算的方式内转圈子。诚如劳先生所说是受了中国文字的障碍，惟符号的没有发明，影响更大，因为没有符号表达复杂的意思，自然谈不上高深的数学了。因此在汉代虽已经有些学者注意数学，其结果不能促成科学的发达，这也许是一个原因。

编后记

　　劳榦先生（一九〇七—二〇〇三），字贞一，湖南长沙人，中国两汉史研究的开创者，为享誉海内外的历史学家。一九五八年当选为台湾中研院院士。著有《秦汉史》《魏晋南北朝史》《劳榦学术论文集·甲编》《汉代政治论文集》《居延汉简·考释之部》《古代中国的历史与文化》等。

　　《秦汉史》是劳榦先生于二十世纪四十年代为普通读者写的一部通俗读物，介绍了秦汉时代的历史概况、学术信仰及物质文化成就，内容简明扼要，语言浅显易懂。劳榦先生的这部小书，浸润着他个人对历史的独特理解，有读者评论道："劳榦先生也力图创造一种人民历史的史观，而这种史观并没有参杂着任何明显的意识形态，自有其高妙。""劳榦《秦汉史》，篇幅最短，观点最为独树一帜……换一个角度去理解历史、理解世界，你会发现更多的思路和事物。"

《魏晋南北朝史》原稿为劳榦先生在台湾大学所讲魏晋南北朝史的课堂笔记，经作者整理后于二十世纪五十年代出版，对三国两晋南北朝时代的历史概况和南北朝时期的经济问题、兵制、文学与学术情形，做了扼要的讲解。有读者感叹："劳榦先生的作品真是简练！短短几句话就是百年史事。"

这两部作品，长期以来一直在台湾地区印行，大陆读者无缘得见。我们与劳榦先生哲嗣劳延炯先生取得联系，获其慨允在此间推出这两部书的简体字版（几经考量，我们将书名分别改定为《秦汉简史》《魏晋南北朝简史》）。对延炯先生的支持，我们深表谢意。

在编辑整理过程中，编者对每本书的文字都做了仔细的核查与校订；对行文讹误不便径改、疑似有误或个别需要说明的地方都尽量出"编者按"予以说明；根据全书主题，搜集了作者若干相关论文，作为附录。希望借助这些工作，能使得这两部作品的简体字版内容更充实，更方便读者阅读。古人云，校书如扫落叶，如扫尘，旋扫旋生。此番整理，失当之处，在所难免，还请广大读者谅解与指正。

另外，《秦汉史》编校中曾参考徐规先生《评劳贞一著〈秦汉史〉》一文，谨此致谢。

编者

二〇一八年四月十日